DOROTHY TINFIELD

Wenn die Seele aufgehoben wird

DOROTHY TINFIELD

Wenn die Seele aufgehoben wird

Ein Buch für die Seele

Bibliografische Information der Deutschen Nationalbibliothek: Die Deutsche Nationalbibliothek verzeichnet diese Publikation in der Deutschen Nationalbibliografie; detaillierte bibliografische Daten sind im Internet über http://dnb.dnb.de abrufbar.

Soweit nicht anders angegeben, sind die Bibelzitate folgender Ausgabe entnommen: Neues Leben. Die Bibel (2006)
Weiter wurden verwendet: Elb = Elberfelder Bibel (1871)

Impressum
© 2019 Dorothy Tinfield c/o Sabine Roßbach-Schuhen
Ferienhaussiedlung 57a, 18519 Stahlbrode
Titelfoto: iStock/RelaxFoto.de. Alle anderen Fotos, soweit nicht anders angegeben: Dorothy Tinfield
Herstellung und Verlag: BoD – Books on Demand, Norderstedt

ISBN: 978-3-7494-5557-7

Inhaltsverzeichnis

Ein Buch für die Seele
Wenn die Seele aufgehoben wird

„Meine Seele klebt am Staube;

belebe mich nach deiner Verheißung!"

(Psalmen 119:25 SCH51)

Wenn man alles aufschreibt,

was man besitzt, hat man eine Liste.

Wenn man alles aufschreibt,

was man erlebt, hat man eine Geschichte.

Schon lange bewegt mich der Gedanke, aufzuschreiben, was mich innerlich bewegt hat, was ich innerlich erlebt habe. Einzelne, aber sehr wertvolle Episoden, die Gott inszenierte um mir und meiner defekten Seele Mut zuzurufen. Mir zu vermitteln, dass Heilung sein Wunsch und Wille für mich ist.

So hat er immer wieder mein Herz tief bewegt, dass ich nun nicht mehr anders kann, als das niederzuschreiben und euch an diesem Segen teilhaben zu lassen. Möge es auch eure Herzen ebenso anrühren und festigen in der Gewissheit:

Du bist Gottes Lieblingsmensch!

Namika hat es im Song „Lieblingsmensch" so ausgedrückt:
„Bei Dir kann ich ich sein,
verträumt und verrückt sein."

Eine Zeit lang dachte ich, wenn ich dieser Liebling bin, dann könnt ihr es doch nicht sein. Aber hier liegt ein Denkfehler und ein Geheimnis, denn Gott liebt uns alle exakt mit der gleichen, vollkommenen Liebe.

Ja, sagt ihr vielleicht, das wissen wir.

Aber die Entfernung vom Kopf zum Herzen ist wohl die weitest gefühlte Wegstrecke des Universums. Und nur durch die göttliche Offenbarung, das göttliche Transportwesen, kann diese bewältigt werden.

Mein Wunsch ist es, in euch das Verlangen zu wecken, diese Abenteuerreise ins eigene Herz mit dem göttlichen Gefährt, dem Hl. Geist, anzutreten. Es wird die Reise des Lebens werden. Dazu wäre es nötig, erst einmal den Begriff der eigenen Seins-Frage zu definieren.

Ich bin auch!

Mose fragt Gott: Was ist dein Name?

Gott antwortet diesem:
„Ich bin, der ich bin!"

Was will Gott Mose damit sagen?

Es ist nicht der Name, der etwas aussagt,
sondern das Wesen dahinter.
„Mache dich auf die Suche nach meinen Charaktereigenschaften.
Erkenne mich. Und vor allem,
erkenne meine Liebe zu Dir."

Und mir und Dir ruft Gott das ebenfalls zu.
Und noch viel viel mehr. Er will uns so tief begegnen, dass wir erkennen, dass wir auch **Ich bin**
sind.

Wir sind Sein, wir sind seine Kinder,
Söhne und Töchter,
Bruder und Schwester,
Geliebte und Braut.

Wir sind in Ihm und Er in uns.
Durchwoben vom Geist Gottes,
durch diesen getränkt und getragen,
getröstet und mit Ewigkeit bereits ausgestattet.

Wir leben im Thronsaal,
sind versorgt bis in Ewigkeit.

Wir sind!
Und was wlr sind!
Schon vor der Schöpfung erdacht.
Gewollt, geplant und gestaltet.
Absolut geliebt, weil wir sind!
Nicht, weil wir haben oder weil wir bringen
oder funktionieren.
Weil wir sind!
Einzigartig!
Niemals durch irgendjemanden ersetzbar.

Möge das unser Gebet werden:
In diese Tatsachen hineinzuwachsen.
In diesem Bewusstsein zu leben.
Zu sein!
Denn wir **sind**.
Du bist und ich bin.
Wir **sind**, jeder einzelne von uns **ist**.

Gott hat keinen größeren Wunsch als diesen, mit
uns in inniger Gemeinschaft zu sein.
Eine Vaterliebe, die sich nach seinen Söhnen und
Töchtern sehnt.
Mit denen Er beratschlagen möchte, sie teilhaben
lassen an Seinen inneren Herzensgedanken.
Er möchte mit uns gemeinsam die Pläne bespre-
chen, die Er sich für uns ausdachte.
Wundervolle Pläne, genau auf uns abgestimmt.
Von höchster Lebensqualität.
Mit Freude und Sinn durchwoben,
denn der Vater möchte, dass wir glücklich sind.

In den schwierigen Etappen möchte Er sich uns
besonders zeigen und uns in Staunen versetzen.
Lasst uns an dieser seiner Treue nicht zweifeln.

Lasst uns an seiner vollkommen perfekten Liebe nicht zweifeln.

Lasst uns unsre Zweifel immer wieder vor Ihn tragen, damit Er einen ehrlichen Blick in unser Herz erhält.
Gebt Ihm das Mandat, mit uns in all unsre toten Winkel zu schauen, damit Heilung erfolgen kann und Selbstbetrug ein Ende findet. Denn Er ist der Heiler.
Der einzige, der es wirklich in uns vollbringt.
Wir müssen erkennen, dass unsere eigene Kraft niemals ausreichen wird.
Er erschreckt nicht über die Leichen, die wir im Keller vergruben.
Er ist stolz auf uns, wenn wir mit Ihm an der Hand die Leichen ausbuddeln.
Denn das findet Er mutig!
Er liebt solchen Mut! Und Er wird uns immer genug Mut geben, wirklich Tatsachen ins Auge zu fassen.

Er ist der **Ich bin.**

Und wenn wir Ihm erlauben, uns zu leiten,
wird Er uns immer mehr umgestalten
Ihm ähnlich zu werden.

Jesus sagt: Ich und der Vater sind eins.
Sie sind **Ich bin.**
Sie sind der Anfang und das Ende aller Schöpfung, der Ursprung und die Vollendung.
Das ewige Leben und die ewige Kraft.
Eine Kraft, die den Tod besiegt hat.
Eine Kraft, die das Böse überwunden hat.
Damals am Kreuz, da wurde es vollbracht!

Es ist vollbracht!
Jetzt ist der Zugang offen.
An Seiner Hand können wir hindurch gehen.
Geh hindurch und erlebe Dein **Ich bin.**

***

Der Albtraum

Da war er schon wieder. Immer der Gleiche und immer gleich schrecklich, denn er stellte meine gesamte Identität in Frage.

War sie wirklich so, die Frau, die meine Mutter war?

Den Tag werde ich nie vergessen, als ich auf der Straße mit meinen Freundinnen spielte. ‚Gummitwist‘, oder vielleicht war es auch ‚Hock'sche‘, so genau kann ich mich nicht erinnern. Aber was ich nie vergessen werde, war eine Episode, die mein zukünftiges Leben verändern sollte, sodass es nie mehr war, wie es war.
Wir gerieten in irgendeinen banalen Streit. Da ich ein kleiner, rechthaberischer Rebell war, musste man mich in meine Schranken verweisen. Und welcher Satz dient da besser, als ein ausgeplaudertes Geheimnis, wovon ich nichts ahnte, was jedoch genau mich betraf und mitten ins Herz stach. Ein einziger Satz - welch verheerende Macht.
Nun, das konnte die Freundin nicht überschauen. Sie war selbst nur ein kleines, ahnungsloses Mädel. Doch eine kleine Ahnung über die Wirkung musste es wohl gehabt haben, jedoch nicht über dessen verheerende Folgen! Alle wussten etwas, was mich in einem einzigen Augenblick denunzierte, zumindest empfand ich das genau so, ohne dieses Wort überhaupt zu kennen, aber seine Wirkung und Macht mich mit seiner ganzen Wucht erschlug.

Dieser schreckliche Satz, den ich niemals wieder vergessen sollte:

„Was willst Du denn, Du bist doch sowieso nur aus dem Heim!"

Ein einziger Moment und mein Leben geriet aus den Fugen. Welcher Film setzte sich jetzt in Gang? Mama und Papa nicht Mama und Papa?

Nur aus dem Heim, ...nur ...Heim...!! Jedes dieser Worte barg einen Schrecken! Eine mindere Ware. Wo war die Mutter, die echte?

Verstört und geschockt, weinend und verzweifelt rannte ich heim. Mit sechs Jahren begegnete mir zum ersten Mal die Wucht des Lebens.

Ich rannte direkt in die Arme meiner Eltern, um mir diese ungeheure Lüge bestätigen zu lassen. Denn so müsste es sein. Eine Lüge! Doch ich ahnte, dass dem nicht so ist. Ja, ich wusste es sogar!

Liebevoll, tröstend und selbst geschockt und verzweifelt versuchten die Eltern mir ihre volle Liebe zu bestätigen, mir klar und verständlich zu machen, dass sie mich wollten, dass ich ihr Wunschkind sei, ihr süßes kleines Mädchen!

Was sie mir über die echte Mutter sagten, weiß ich gar nicht mehr. Sie wussten im Grunde selbst nicht viel. Irgendwo gab es diese. Und sie lebte. Und aus irgendeinem Grunde hat sie ihr Kind nicht behalten, nicht behalten wollen?

Diese Frage nagt und frisst und zerstört!

Was auch immer in diesem Moment in einer Kinderseele geschieht, es vollzieht sich der Verlust der Geborgenheit, des Geliebtseins, und eine große Minderwertigkeit macht sich breit.

Das Leben ging weiter, und rein von außen betrachtet auch erst einmal normal weiter.

Aber es kam der Traum! Immer und immer wieder! Und die große Frage und Ungewissheit: Wer ist sie? Diese Mutter, die ihr Kind hergab, warum auch immer, warum, ja warum denn?

Diese Frage verstummte nicht und dieser Traum ließ ließ sich nicht vertreiben! Damit musste ich leben, damit musste ich klarkommen.

Ich veränderte mich. Schleichend, aber stetig. Ich wurde immer rebellischer, versuchte mich durch Auffallen und Rebellion zu bestätigen. Warum nicht durch Liebe und Gefallenwollen?

Weil die Zerstörung längst am Werk war!

Warum glaubte ich nicht an die Liebe der Eltern?

Im Gegenteil, ich schien durch mein Verhalten diese hingestreckte Liebe immer kaputt machen zu wollen. Ständig fühlte ich mich angegriffen und unverstanden. Spürte mein anders Sein. Ich war anders! Funktionierte nicht wie ich hätte sollen. Das merkte ich schon. Und das trieb mich unaufhaltsam weiter in die falsche Richtung und zu den falschen Freunden.

Schon sehr bald, fast unmittelbar danach, geriet ich in die Klauen älterer Cousins, die mir vermeintlich Liebe gaben, indem sie mit dem kleinen sechsjährigen entwurzelten liebeshungrigen Kind, das ich war, Dinge machten, die wieder ein Geheimnis waren, sodass niemand davon wissen durfte.

So geriet ich in ein unsägliches Dilemma, indem ich zum einen die Zuneigung suchte, aber spürte, dass dies hier eine böse Zuneigung war. Ich fühlte mich schuldig und schmutzig, weil ich es zuließ, das mit mir machen zu lassen.

Tiefe Scham machte sich breit und ein nicht mehr abzuschüttelndes Schuldgefühl nagte nun als permanenter Mahner, nein Verkläger an mir. Eingebrannt, festgebissen! Nicht mehr abzuschütteln!

Dazu dieser Traum, immer derselbe schreckliche Traum:
„Das Kind, das auszog, seine Mutter zu suchen. Und es fand sie. Als es vor der Türe steht, öffnet ihm eine ‚liederliche Frau' in Reizwäsche, um schroff zu fragen, was es wolle. Auf die Antwort, das verlorene Kind zu sein, wird es fortgejagt."

Diese Identifikation schien ich mir regelrecht angezogen zu haben wie ein Kleid: Kind einer Prostituierten. Es macht ja jetzt selbst schon solche Sachen!

Sehr früh schon begann ich Alkohol und Drogen zu konsumieren, mit 13 Jahren fand ich im Rausch Erleichterung! Ein starkes Verlangen in mir trieb mich permanent, mich zu betäuben. Dann ging es mir für Augenblicke besser, um mit verstärkter Wucht wieder in den nackten Tatsachen der Realität zu landen.
So trieb ich die Eltern immer wieder zur Verzweiflung, bis eines Tages Sätze fielen: „Hätten wir dich doch im Heim gelassen!"
Auch diese Worte fielen: „Du wirst wie deine Mutter!"
Natürlich trug solches nicht zur Besserung bei, im Gegenteil. Doch ich spürte die Hilflosigkeit und Ohnmacht der Eltern und konnte die Aussagen sogar verstehen. Ich wusste immer, dass ich liebevolle Eltern geschenkt bekommen hatte. Hier stießen einfach die menschlichen Hilflosigkeiten aufeinander.

Je älter ich wurde, desto mehr Bewunderung konnte ich meinen Eltern zollen. Es war einfach nichts da, worauf sie bei mir hätten stolz sein können.

In mir schlummerte nun auch noch die Selbstverachtung, und der weitere Weg war regelrecht programmiert: Ich fand nicht zurecht im Leben!

Eines Tages beschloss ich, auf die Suche nach der Mutter zu gehen. Die Adresse aus dem Stammbuch war mir bekannt, allerdings nur mit dem Mädchennamen der Mutter. Und nach langem Suchen fand ich sie. So stand ich zitternd vor dem Mehrfamilienhaus, in dem sie wohnte. Ich wollte sie schocken, dieser Frau unmissverständlich klar machen und zur Schau stellen, was durch ihre Schuld aus mir geworden war. So hatte ich mich ordentlich zugekifft und aufreizend angezogen. Dann kam der Augenblick der Begegnung und ich stand einer stattlichen, selbstbewussten Frau gegenüber! Keine ‚billige Schlampe', sondern der Typ Karrierefrau!

Da waren keine warmen Gefühle, keine tiefen Emotionen, so wie man es aus Filmen kennt, nein, es war ein gegenseitiges Fixeren, Abtasten, und der Versuch ihrerseits, ihr Handeln zu rechtfertigen, wie Umstände, damalige Zeit, und so weiter.

Ich nahm diese Erklärungen zur Kenntnis, ohne jemals bis jetzt von diesen Argumenten überzeugt worden zu sein. Denn ich war auch Tochter eines Mannes, der aus einer regelrecht wohlhabenden Dynastie stammte, wo Geld nie ein Problem gewesen wäre. Die Großmutter väterlicherseits suchte sogar an mir, um mir ein Erbe auszuzahlen, jedoch ohne Erfolg, da ich bereits zur Adoption vermittelt war.

Da die ‚Mutter' nicht viel Zeit hatte, verabschiedeten wir uns bald, um mehr als 15 Jahre keinerlei
Kontakt mehr zu haben, denn ich hatte ihr außer
meinem Vornamen nichts weiter verraten.
So verschwand ich ebenso im Nichts, wie ich auch
aus diesem heraus aufgetaucht war.
Der Albtraum kam nie wieder!
Ich denke, dass diese Begegnung mich ein Stück
aus der Minderwertigkeit herausgezogen hat.
Doch es wurde noch ein weiter Weg, bis ich an
meinem eigenen Schweinetrog angekommen war,
denn vorerst betrachtete ich mich selbst als Opfer
aller Umstände und mir war nicht bewusst, dass
ich längst Täter war.
Meine Beziehung zu einem heroinsüchtigen Mann,
der wegen Drogen inzwischen in der JVA einsaß,
sollte die Wende zu meinem neuen Leben einläu-
ten. Denn bei jedem Besuch im Gefängnis hörte
ich begeisterte Worte über Gott und Jesus von gerade diesem Mann, mit einer Begeisterung, die
selbst Heroin nicht hervorzurufen vermochte, sodass es mich alles sehr verwunderte und neugierig
machte. Aber auch eifersüchtig. Eigentlich wollte
doch i c h seine Aufmerksamkeit, die dieser Jesus
aber bekam.
Ich besorgte mir eine Bibel, las, und sehr schnell
war mir klar, dass diese Worte aus den Evangelien
niemals von einem Menschen stammen konnten.
Doch anstatt jetzt dem Gelesenen zu folgen, folgte
ich mehr denn je meinen Trieben und Gebunden-
heiten: Männer und Drogen.

Ich verlor mich immer mehr im Treiben lassen,
schlug mich mit den Dealern meines Freundes
herum, die bei mir Schulden eintreiben wollten,

und das waren keine Softies. Denn um einem anderen Freund, der ebenfalls auf ihrer Liste stand,
den Ernst zu verdeutlichen, schossen sie kurzer-
hand durch die Scheibe einen Warnschuss in das
Zimmer, in dem er sich befand. Auf einen Kom-
promiss ließ ich mich ein, weiter zu dealen, um
das nötige Geld zu beschaffen und meinen Eigen-
konsum zu decken. Ok, mildernde Umstände wären, das ich kein Pulver vertickte. Doch ich will
nichts Schönreden, was bindet und versklavt!

So fand ich mein Leben hoch interessant und toll,
trieb mich in den verschiedensten WG's herum,
sang in einer Rock-Band, obwohl ich gar nicht sin-
gen kann, aber dafür eine gute Show hinlegte und
lachte mich durch's Leben. Ein Lachen, das all die
Verzweiflung unterdrückte, die ich tief in mir ver-
schlossen hielt!

Zwei Mal im Monat fuhr ich in den Knast, um mir
eine neue Predigt abzuholen. Dort spielte ich die
treue Freundin, die auf ihren Liebsten wartet.
Doch dieses Theater hat nur eine gewisse Anzahl
von Akten, und ich befand mich auf der Schlussge-
raden des ersten Teils.

Ein neues Mann-Abenteuer lockte mich in eine
WG, wo dieser lebte, als ein anderer Mitbewohner
einen folgenträchtigen Satz aussprach, den ich so
unverschämt fand, wie er mir andererseits zum
großen Segen werden sollte. Er sagte: „Hier
stinkt's nach Nuttendiesel!" Und er meinte mich!

Beschämt, getroffen und verstört rannte ich weg
aus diesem Haus, sprang in mein Auto und raste
wie von Sinnen los. Ich merkte nicht, dass sich auf
der Straße ein ganz gefährliches Spiegeleis gebil-
det hatte, bis ich eine abschüssige Straße hinab-

brauste und beim Abbremsen erschrak. Keine Chance!

Ich wusste um die drei scharfen Kurven, die unten auf mich warteten. Sah das Haus, auf das ich zuraste. Sekunden, und der Film des ganzen Lebens rollt an einem vorbei. Ich hatte die Bibelstelle im Kopf: *„Der Lohn der Sünde ist der Tod!"* Massiv pochten diese Worte in meinem Herzen! Und in Makrogeschwindigkeit spult sich der ganze Film eines einzigen Versagens vor dem inneren Auge ab. Obwohl es nur einige Sekunden waren, umschloss es eine Ewigkeit. Und glasklar steht mir heute noch diese Szene in Erinnerung: Meine Kapitulation. Mein Einverständnis mit diesem Urteil. Mein Ja dazu! So ließ ich das Lenkrad los, um die Frucht des Lebens zu empfangen!

Das Auto lenkte sich durch die Kurven! Kosmisch nicht zu erklären! Unglaublich, doch wahr!

Es machte am Fuße des Hanges eine halbe Drehung, um ganz sanft von einer großen Buchsbaumhecke abgefangen zu werden, kippte zur Seite und stellte sich wieder auf die Räder. Nichts war geschehen, und doch war das der Auslöser zum größten Ereignis meines Erdenlebens, denn ich merkte: Gott will nicht meinen Tod! Er will mein Leben! Den Tod für mich trug er selbst, am Kreuz! Jetzt machte das alles einen Sinn!

Und fortan war zum zweiten Mal nichts mehr wie es war! Doch diesmal nicht zum Niedergang, sondern in die Weite der Freiheit, getragen durch die liebenden Arme Jesu!

Ein Grundstein war gesetzt! Doch die Umstände blieben vorerst hart, aber in aller Härte war ein großer Schutz, und die Gewissheit, dass ich von nun Kind des Lebendigen Gottes sein darf, teuer erkauft und vollkommen geliebt!

Ich bekannte auch meinem Freund alles, wie es war, und er beteuerte mir Vergebung seinerseits und dass auch er diesen Weg mit mir gehen wolle. So kam seine Entlassung heran und wir heirateten. Naiv, jung und völlig unreif!

Doch es dauerte nicht lange, bis ich merkte, dass mein Mann diesen Weg nicht mit mir teilte, sondern wieder tief in die Abhängigkeit geriet und auch anscheinend all das, was ich ihm angetan hatte, mit einer anderen Frau kompensierte.

Und ich wurde schwanger.

Als es so schlimm wurde, dass körperliche Gewalt massiver Bestandteil des täglichen Lebens wurde, beschloss ich in einer Nacht- und Nebelaktion zu fliehen. Ich trug ein Kind in mir und war bereits im 7. Monat! Ich musste es schützen. Floh, ohne Geld und Obdach!

Nach dieser spektakulären Flucht erlebte ich wiederum wunderbare Fügungen und Versorgung, sogar Wunder! Alle diese Ereignisse wären es mehr als wert in einer gesonderten Geschichte erzählt zu werden, denn das lässt sich nicht in kurze Sätze fassen, so wunderbar sind Seine Wege. So ergreifend ist Seine Liebe und Fürsorge zu uns!

Ich jedenfalls fand endlich, wonach ich so lange auf der Suche war, nämlich gewollt, geliebt und sogar bereitet zu sein von einem wunderbaren Schöpfer. Nie mehr verlor ich meinen Wert, den ich in Gott fand. Aus der Abgelehnten wurde die Vielgeliebte, obwohl es lange dauerte, bis diese Liebe Jesu in meinem Herzen echte Wurzeln schlagen konnte. Ich fand Vergebung, die mein gefangenes Herz frei setzte; eine schreckliche Macht war gebrochen.

Doch mein Weg sollte steinig bleiben. Hätte ich zu der Zeit gewusst, was noch alles auf mich zukommen sollte, ich wäre sicherlich verzweifelt. Doch vorerst fand ich Erfüllung in meiner neuen Aufgabe als Mutter eines süßen Jungen und genoss den Frieden und die Atmosphäre der Liebe, in der wir uns bewegen durften.

Dass der Sohn die Wege der Mutter und des Vaters wählen sollte, war mir zum Glück verborgen. Wie Mutterherzen gebrochen werden, das sollte mir nicht verschont bleiben, am eigenen Leibe selbst zu durchleben.

Dass ich selbst dadurch noch einmal zurück in die tiefe Verzweiflung und Finsternis hineingehen würde, weil ich an Gott begann zu zweifeln und zum abermalsten Mal aus tiefem Graben gezogen werden durfte, das sind große Ereignisse Gottes mit mir, die mich letztendlich geschliffen und geprägt haben und ich mit Paulus sagen darf: Durch Gottes Gnade bin ich, der ich bin!

Denn eines weiß ich ganz gewiss: Ohne Gott hätte ich das Leben nicht ausgehalten! Doch jetzt darf ich das Leben lieben, auch wenn noch so manche schweren Umstände vorhanden sind! Doch nicht ohne Hoffnung auf Rettung!

Ich warte immer noch täglich auf die Rettung meines im wahrsten Sinne des Wortes ‚verlorenen Sohnes‘.

Doch ich warte in der Verheißung Gottes an mich: *„Weine nicht, denn das, was Du für Deine Kinder getan hast, wird nicht umsonst gewesen sein,* *denn deine Kinder kommen aus der Hand des Feindes gerissen in die Heimat zurück!"*

Ein erneutes Zusammentreffen mit meiner Mutter brachte Aussöhnung mit ihr und mit mir selbst und bestärkte meine feste Identität in Jesus!
Aus der ‚Verstoßenen' durfte eine Geliebte werden, geliebt von der höchsten Majestät im Universum. Das durfte ich erfassen und das wurde meine Lebenskraft! Das Karma ‚Verstoßene' wiederholte sich durch Ablehnung von Ehemann und Sohn, doch sie gingen nicht, weil sie mich nicht geliebt hätten. Auf ihre Weise taten sie das sehr wohl, doch sie wurden selbst Gefangene ihrer Selbst.
Meine lieben Eltern gingen heim zu Jesus, den sie in den Wochen der Krankheit finden durften.
Da ich vor einer Existenzkrise neue Wege einschlagen musste, wurde ich durch wundervolle Weise in ein neues Umfeld an die herrliche Ostseeküste geleitet, dorthin, wo man den Menschen lange Glauben machen wollte, dass Gott nicht existiert! Zu einem romantischen kleinen, reetgedeckten Häuslein mit einem Ferienzimmer, und ich bin nun gespannt, was Gott weiterhin für mich vorgesehen hat! Ich schließe mit den Worten meines Auszuges aus der Heimat, die mir Ausschlag gaben, diesen Schritt zu wagen:

„Höre, Tochter, und sieh, und neige Dein Ohr, und vergiss Deines Volkes und Deines Vaters Haus, und der König wird Deine Schönheit begehren, denn ER ist Dein Herr, so huldige IHM!"
(Ps 45,11+12)

Identitäten

Wir durchlaufen in unserem Leben die verschiedensten Stufen der Selbstbetrachtung.

Ein Werbeslogan

ES KOMMT DARAUF AN,
DASS MAN DIE QUELLE
FÜR ALL SEINE STÄRKEN FINDET

Wie wahr und wie wunderbar, dass es diese Quelle gibt, und dass es nicht Mineralwasser sein kann, wie der Werbespot es vermarktet, sondern die lebendige, immerwährend sprudelnde Kraftquelle Gottes.
Finde diese und du weißt ganz genau,
dass es so ist, wie es ist.

Wertlos, minderwertig,
weggeworfen und gefunden worden,
aufgehoben, getragen und geliebt.

So habe ich es erleben dürfen!
Heilung konnte keine menschliche Liebe schenken,
es brauchte dazu mehr.

***

Die toten Hühner
oder
Die ihr mir wirklich zuhört

Die toten Hühner, sie flattern noch, aber leben nicht.

„Doch euch, die ihr mir wirklich zuhört, sage ich: Liebt eure Feinde, tut denen Gutes, die euch hassen! Segnet die, die euch verfluchen! Betet für die, die euch beleidigen!"
(Lukas 6:27-28 NBH)

Ah, jetzt kommt wieder Zeigefingerpredigt.
Aber hört einmal wirklich zu... denn was will uns Gott da sagen?
Mit diesen Worten ist eine Haltung gemeint, eine Blickrichtung oder Gesinnungsausrichtung.
Es ist einfach das Gegenteil von Vergeltung, Hass und Rache.
Es ist wie Osten oder Westen.
Zwischen Hass und Liebe liegt eine Gesinnungs-spanne. Vielleicht in Form einer Skala ausgedrückt wäre das ...bisschen Hass, die kleinste Stufe z.B. ungute Gedanken, steigerungsfähig bis Mord.
In der Mitte liegt der Entscheidungspunkt!
Dort werden wir nicht nach der Qualität unsres Wandels gefragt, sondern nach der Richtung:
Ost oder West?

Im Grunde eine Entscheidung, die uns selbst ins Plus oder Minus katapultiert.

**Es geht gar nicht darum, Gott in irgendeiner Weise zu befriedigen, es geht um uns.
Um unser Wohl**!

Der Westen wäre dann, den Verletzungsschmerz mutig anzuschauen, diesen jedoch im Gespräch mit Gott zu betrachten, zu besprechen und alles in Seine Hände zu übergeben, da ER diesen Schmerz auf SICH nahm.
Das Äußerste dieser Skala ist der Tod Jesu, der am Kreuz noch bat, seinen Feinden zu vergeben.
Das leistete Er für uns. Dahin ging Er.
Wir brauchen nur bis zu Ihm zu gehen.

Dieser uns geschenkte Weg macht uns auch immer stabiler gegen Verletzungsangriffe.
Wir schreiten ganz natürlich und ohne Krampf auf der Skala voran, Jesu nach!
Die Entscheidung liegt in der Wahl der Grundausrichtung.
Welche Richtung wähle ich?

„Er hat ihre Augen verblendet und ihr Herz verhärtet, dass sie mit den Augen nicht sehen, noch mit dem Herzen verstehen und sich bekehren und ich sie heile."
(Johannes 12:40 SCH51)

Das ist der Zustand des natürlichen Menschen, aber auch eines gläubigen Menschen, der das Begehren nach Aufrichtigkeit und wahrer Gesundheit nicht in sich trägt.

***

Verwüstetes Land wird zum Garten Eden

„Man wird sagen: ‚Dieses verwüstete Land ist so schön wie der Garten Eden geworden!'
Die Städte waren einst niedergerissen, zerstört und vereinsamt –
nun stehen sie wieder befestigt da und sind von Menschen bewohnt!"
(Hesekiel 36:35 HFA)

Verlass diese vereinsamten und zerstörten Städte und sieh die neue, befestigte Stadt, du bewohnst sie!
Lass es nicht zu, dass du dich in deinen Gedanken in der einstigen, zerstörten Stadt aufhältst...
Sieh die neue, befestigte Stadt, schön wie der Garten Eden!

Bitte stellt euch diese alte Stadt vor...

Vereinsamt

Verwüstet

Zerstört

Rauchende Trümmer

Wehklagen

Dunkelheit und Finsternis

Hunger

Krankheit

Armut

....

Jetzt geh! Verlass diese Stadt.

Und betrete die neue,
Wiederhergestellte,
Blühende,
Lebendige,
Fröhliche,
Singende,
Sprudelnde Stadt

SCHÖN WIE DER GARTEN EDEN

Du bist diese Stadt.
Oder hältst du dich noch in den rauchenden Trümmern auf?

**Lebe in der neuen Säulenhalle Gottes,
auf den Säulen der Zusagen Gottes.
Nach dem PLAN des Architekten.**

Der König möchte eine wunderbare Säulenhalle errichten!
Die Lügensäulen zerfallen zu rauchenden Trümmern.
Simson zerstörte diese tragenden Säulen des Feindes als seine Lebensberufung!
Das ganze Gebilde brach in sich zusammen.
Lasst uns Simsons werden.
Wir stöhnen über ihn, doch er ist ein wunderbares Bild auf uns selbst!

Gott brauchte lange, um mich dahin zu bringen, dass ich bereit wurde, mich diesen Gedanken des Um-mich-selbst-drehens nicht mehr hinzugeben, denn das Selbstmitleid tat auf sadistische Weise gut, da war dann wenigstens ich selbst, dem ich leid tat.
Alle anderen verstanden mich eh nicht oder wussten nicht, mir zu begegnen, oder kritisierten oder drückten mich. So jedenfalls war meine Sicht der Selbstbetrachtung gepaart damit, dass die Mitmenschen an mir überfordert waren.

Es ist ein genialer Schachzug Satans. Dieses Sich-selbst-leidtun hat einen Scheintrost, man empfindet eine Art Genugtuung, eine Befriedigung. Zumindest man selbst ist sein Freund, sein verständnisvolles Gegenüber, so denkt man. Dabei zappelt man in der Falle.

Man braucht Ersatzbefriedigung, um sich das Leben schön zu reden. Um sich abzulenken und betäuben, um dem eigentlichen Schmerz nicht zu begegnen. Man zieht Masken an, man nimmt Rollen an, man verwirklicht sich im Tun.

Es gibt tausend Möglichkeiten, die Trümmersäulen schön zu sehen.

Erst als mir klar wurde, dass Gott eine Berufung für mich ganz persönlich hat, aus lauter Liebe zu mir einen Plan für mich ausgeheckt hat, wollte ich in dieses Leben hineinfinden. Da begann das Aufhören, gegen das Leben zu kämpfen, da begann ich, zögernd, aber bewusst, alles auf eine Karte zu setzen: Nämlich auf die **Versprechenskarte** Gottes! Erst ein zögerndes Wagen, Ihm zu glauben, ohne Ergebnisse zu sehen, später durfte ich stückweise erkennen und staunen.

Diese Entscheidung, aus Glauben zu gehen, lief im Kopf, im Bewussten ab, denn die Gefühle schrien eine andere Melodie. Gott allerdings reicht dieser ENTSCHLUSS!
Auf diesen baut Er auf. Da beginnt Er zu wirken!
Da beginnt Er, unsere inneren, wahrhaftigen Bedürfnisse in unser Bewusstsein zu holen und unsren Blickwinkel zu verändern.

Das will Er Dir schenken!

Nur Du selbst siehst diesen Schatz nicht, den Gott da in Dich hineingelegt hat, weil Du noch nicht

wagst zu glauben, dass Du ein wunderbares Geschöpf bist!!
Oder willst Du es noch gar nicht sehen?

*„Meiner Seele ekelt vor dem Leben; ich will
mich meiner überlassen, will reden in der Be-
trübnis meiner Seele."*
(Hiob 10:1 SCH51)

*„Du zeigst mir den Weg zum Leben. Dort, wo
du bist, gibt es Freude in Fülle; Ungetrübtes
Glück hält deine Hand ewig bereit."*
(Psalmen 16:11 NGU2011)

*„Wir schreiben euch diesen Brief, damit wir
alle, ihr und wir, die Freude, die Gott uns
schenkt, in ihrer ganzen Fülle erleben."*
(1. Johannes 1:4 NGU2011)

Wie heißen deine Lügensäulen?
Und welche Säulenhalle baust du stattdessen auf?

*„Doch ihr, meine geliebten Kinder, gehört zu
Gott. Ihr habt diese Lügenpropheten durch-
schaut und besiegt. Denn der Geist Gottes,
der in euch wirkt, ist stärker als der Geist der
Lüge, von dem die Welt beherrscht wird."*
(1. Johannes 4:4 HFA)

Aber es ist nicht so, dass ich nicht mehr Ich bin,
denn meine schwere Psyche und Sensibilität ist
trotzdem da, doch ich lerne immer mehr, damit
umzugehen. All das Dunkle, Schattige, nicht mehr
über mich herrschen zu lassen. Ich darf immer
mehr all die Lügenbotschaften durchschauen, die
Satan mir durch falsches Gottesverständnis und
durch mein Versagen einreden konnte. Und ich

glaube, es ist das größte Geschenk, zu erkennen und immer tiefer zu erfassen, wie sehr ich geliebt bin vom himmlischen Vater selbst, und sein Sohn nennt mich seine Braut. Das ist der einzige Weg, heil zu werden an Geist, Seele und Leib. Der einzige Weg, Freude haben zu können an dem irdischen Leben. Und tiefe Gewissheit, dass dann noch viel Größeres folgt!

Und das möchte ich den Menschen erzählen!

Lügensäulen richten großen Schaden an und verkaufen sich als Freude, Trost, Rechtfertigung in Lebensverbitterung.

Sie sind die Säulen des Zerstörers, des Lügners, des Verklägers. Diese können niemals von echter Qualität sein.

Sie versklaven, obwohl sie sich als Freiheit verkaufen.

Ersetze deine Lügensäulen durch die wunderbare Säulenhalle Gottes.

ZWEI SEELEN IN DER BRUST

„Er hat gleichsam zwei Seelen in seiner Brust und schwankt ohne Halt auf allen seinen Wegen hin und her."
(Jakobus 1:8 GANTP)

Er glaubt Gott und dem Lügner.
Er hört auf den inneren Verkläger.
Er lässt sich manipulieren, weil er der Stimme des Treibers Ohr schenkt und gleichzeitig nach der Stimme des Herrn schreit, diese doch nur wage erkennt, nicht gefestigt, nicht eindeutig.

***

Die Audienz
beim Schwiegervater

Ich könnte nicht mal sagen, ob in tiefem Schlaf oder wach geträumt,
was ich aber sagen kann:
Es veränderte alles.
Es war eine echte Begegnung.
Es war eine tiefe Offenbarung.
Jesus war mein Herzensfreund. Zu ihm hatte ich eine echte, innere Beziehung. Er war mein Trost in dunklen Stunden. Er war meine Geborgenheit. Er war der Bräutigam für mich, so wie die Bibel sagt. Aber Gott, der Vater - Er saß hoch oben auf dem Thron. Weit, weit entfernt. Vor Ihm hatte ich argen Respekt, aber nicht solchen von der guten Sorte.
Nun kam es so, dass ich mich an der Hand meines Jesus wiederfand auf dem Weg zum Thronsaal. Die Braut trifft den Schwiegervater. Langsam, mit weichen, zitternden Knien bewege ich mich in Richtung Thron, dort sitzt **Er**.
Und winkt mich zu sich. Nimmt mich in den Arm, zieht mich auf seinen Schoß und flüstert mir liebevoll zu: „Mein geliebtes Kind. Meine große Tochter. Die Schwester von Jesus."
Wie geht das, denke ich bei mir. Und Gott antwortet:
„Du bist doch auch Tochter, Mutter und Oma!"
Eines weiß ich seitdem:
Ich bin genauso geliebt vom Vater wie auch vom Sohn.
Sie haben das gleiche Wesen. Sie lieben mich gleichwertig!
Stell dir vor, du betrittst den Thronsaal.
Wem möchtest du dort begegnen?
Jesus ist die Türe hinein. Bleib nicht im Türrahmen stehen. Geh mit ihm hinein.

Feiere das Fest, das der Vater Dir bereitet hat.
Ein schönes Beispiel findest du in der Wiederse-
hensfeier vom verlorenen Sohn.

Jetzt konnte Gott viel intensiver an meinem Heil-
werden arbeiten, weil mein Gottesbild sich verän-
dert hatte und somit auch mein Vertrauen mich in
seine Arme zu begeben.
Nun konnte ich **Ihn** machen lassen. Von dem diese wunderbaren Worte zeugen:

*„Der Geist des Herrn ruht auf mir, weil er
mich berufen und bevollmächtigt hat. Er hat
mich gesandt, den Armen die frohe Botschaft
zu bringen und die Verzweifelten zu trösten.
Ich rufe Freiheit aus für die Gefangenen, ihre
Fesseln werden nun gelöst und die Ker-
kertüren geöffnet."*
(Jesaja 61:1 HFA)

Jetzt begann eine Zeit der Aufarbeitung der Ver-
wundungen, eine Zeit der Fragen, die ich nun auch
mutig stellte.
***

Das zerrissene Leben-
das zerbrochene Herz

Fragen an Gott

„Wo warst Du?
Gewoben im Mutterleib? Sagst Du?
Als man versuchte, mich bereits
dort zu töten?"

**Da legte ich schützend meine
Hände um Dich!**

„Und das kleine Mädchen,
das auf der Straße hören musste,
dass es doch n u r aus dem Heim ist.
Damals begann das kleine Herzlein
seine ersten Risse zu bekommen.
Wo warst du da?"

**Ich nahm dich bei der Hand
und führte dich weg.
Brachte dich zu den Eltern,
die Ich für dich ausgesucht habe.**

„Dann wurde das kleine, wertlose
Mädchen zur Lustgespielin der
erwachsenen Cousins,
gelockt mit Süßem, vernascht im bösen Spiel.
Wie konntest du da zuschauen?"

**Ich flüsterte dir zu:
Du wirst einmal meine Braut!
Dann legte ich einen Schleier des
Vergessens über Dich,
bis Du reif genug warst,
damit ich die Wunden behandeln, verbinden
und mit Liebesöl salben konnte.**

„Dann nahmst Du mir mein Kind!
Nein, Du tötetest es nicht,
Du ließt es laufen, bis es sich verirrte!"

**Ja - aber nicht, ohne dich mit
Verheißungen zu stärken.
Und glaube mir, in allem liegt ein
wohlverborgener Plan,
der meine ganze Liebe enthält.
Ich werde sie euch beiden offenbaren, so,
dass ihr vor Staunen keine Frage mehr haben
werdet!**

Siehe, dort, wo die Verletzung am dunkelsten,
ist das Herz nun am intensivsten.

***

Der Traum

„Vineyard ist dein Name."

Es war ein merkwürdiger Traum. Klar. Fast real.

Ein Mann fragte mich, wie ich zu dem Pseudonym Dorothy Tinfield gekommen sei.

„So hieß ich vor meiner Adoption" antwortete ich.

„Ich sage dir, VINEYARD ist dein Name!"

„Nein, das ist kein schöner Name, wie hört sich das denn an?"

„Du heißt Vineyard", beharrte der Mann.

„Ich heiße Sabine, oder Dorothy, aber Vineyard ist kein Name."

„Vineyard ist dein Name" blieben seine eindringlichen Worte, diesen komischen Namen Buchstabe für Buchstabe ausgesprochen.

Dann war der Traum zu Ende.

Am nächsten Tag, den Traum hatte ich völlig vergessen, kommt dieser mir wieder glasklar in den Sinn, gerade während ich am Nachmittag den Rasen mähe.

Jedes Wort, die fast schon autoritäre Stimme des Mannes, unser Hin und Her, mein ja, es war schon Ärger über diese Behauptung.

Außerdem wollte ich nicht wie ein Segelschiff heißen, denn in diese Schiene packte ich das Wort.

Vineyard!

Dieser unmelodische, seltsam unschön klingende Name.

Dass ich mich noch so genau daran erinnerte? Komisch.

So sind meine Träume doch sonst nicht.

Ach, das Wort wird es gar nicht geben.
Doch meine Neugierde war geweckt.
Kurz entschlossen stelle ich den Rasenmäher ab, um nach dem Begriff zu googeln. Jetzt kam mir die buchstabierte Sprechweise zu Gute.

Das erste, was ich las, war eine charismatische Bewegung, die so heißt. Hier wurde ich hellhörig.
Etwas Christliches? Was ist hier los?
Ist hier Gott im Spiel?
Mein Herz begann zu klopfen. Ist das meine neue Berufung?
Mitarbeiten in einer geistlichen Erneuerungsbewegung?
Sprach da Gott?!
Ich kann mich dieses Gedankens nicht mehr erwehren.
Aufgeregt gehe ich zurück an meine Arbeit. Ich beschließe, es wie Maria zu halten und verwahre die Worte in meinem Herzen.

Erst viele Tage später bringt mich eine Freundin auf die nächstliegende Idee, doch mal die Übersetzung des Wortes ins Deutsche nachzulesen.
Weingarten! Oh wie schön, Weingarten.
Ich heiße Weingarten.

Was auch immer Gott mir da offenbart hat, es hat mit Fürsorge, Pflege und Ernte zu tun. Darf ich dabei sein? Gerne, sehr sehr gerne!

Immer noch neugierig, schlage ich das Wort in einer englischen Konkordanz nach und finde folgenden Vers, an eine Tochter gerichtet. Ich fühle mich angesprochen:

„Nur die Tochter Zion steht noch da wie eine Hütte im Weinberg, ein Schutzdach im Gurkenfeld, eine Stadt, die man behüten muss."
(Jesaja 1:8 NBH)

...die man behüten muss!
Oh wie schön! Die Hütte im Weinberg. Ja, so lebe ich hier, meine kleine Ferienhütte... im Schutze meines Gottes, als Schutzdach für Andere?
Anscheinend mitten in einem Weinberg!
Wie spannend!

Rückwirkend ist mir klar, wie viel Mühe Gott darauf verwendet hat und immer wieder aufwendet, mir klar zu machen, dass ich für ihn wertvoll bin, besonders bin und absolut geliebt!

***

Kopfschmuck statt Asche
Freudenöl statt Trauerkleider
Lobgesang statt betrübtem Geist

Dass man sie nennt:
Eichen der Gerechtigkeit!
(Jes.61,3)

Das ist eine Zusage, dafür kam Jesus!
Das dürfen wir erleben!
Darauf dürfen wir hoffen,
auch wenn die Umstände uns andere Situationen
aufzeigen.

Wir dürfen erleben,
dass in dunklen Stunden ein Licht aufstrahlt
und die Dunkelheit durchbricht.

Dunkle Stunden sind nicht nur Schicksalsschläge.
Die meisten dunklen Stunden erleben wir in unsrem Gemüt.
In unserer Psyche.
In unsrer Gedankenwelt.
Dann, wenn wir das alltäglich Durchlebte verarbeiten, katalogisieren und sortieren.

Hier werden die Weichen gestellt,
Hier brauchen wir den Sortierer,
den, der die Richtung zeigt
und uns auch in diese richtige Richtung geleitet.
Der uns zieht, liebevoll ermutigt, tröstet
und uns aus dem Kleben an den sichtbaren Umständen herausreißt, den Kleber löst und eine Richtungsänderung bewerkstelligt.

Hier brauchen wir das Öl,
das uns nicht verurteilt, weil wir uns selbst nicht
genügen, uns ablehnen, verurteilen, kritisieren
oder vergleichen
und als zu gering beurteilen.

„Gezählt, gezählt, gewogen und geteilt"
(Dan. 5 Belsazar)

Unter diesem Urteil stehen wir nicht mehr!
Aber Satan hat großes Interesse, uns immer wie-
der unter dieses Selbsturteil zu bringen!
Hier neigen wir, auf Lüge zu hören.
Hier ziehen wir allzu oft Lüge an!
Das betrübt unsren Geist!
Hier brauchen wir den, der unsere Gedanken
eicht.
Eine Waage muss geeicht sein,
damit sie richtig zählt,
oder die Zapfsäule der Tankstelle...

Hier brauchen wir Lobgesang im Herzen,
damit der betrübte Geist weichen kann.
Wir brauchen Jesus!

Denn Er ist der Einzige, der uns das alles geben
kann, geben will, nein sogar gegeben hat.
Wir sind die,
die das noch nicht erfasst haben,
noch nicht in Anspruch genommen haben,
noch nicht verinnerlicht haben.
Und wenn wir es ansatzweise ergreifen, rutscht es
oft schnell wieder durch tausend Schlupflöcher
hindurch.
Auch hier brauchen wir Rettung.

Stabilisation!
Hier brauchen wir, zu erkennen, dass Gott uns zu Eichen der Gerechtigkeit gemacht hat.
Und zwar zu seiner Gerechtigkeit,
durch seine Gerechtigkeit.

Nicht wir sind die Gerechten...
wir sind **Gewordene**.

„Ich bin es, der für Recht sorgt,
Ich kann euch helfen, es steht in meiner Macht!"
(Jes. 63,1)

Die Frage an uns selbst heißt nun:
„Glaube ich Ihm das?"

„Nur du, Gott, kannst den Menschen,
die auf dich vertrauen, wirklich helfen!"

Gott, der Helfer!
Wann kann Er helfen?
Wenn ich mir helfen lasse!
Wie denn?
Indem ich beschließe,
Seine Worte für wahr zu halten.

Ich hatte in der letzten Woche ein nicht sehr angenehmes Gespräch auf der Arbeit. Wollte Klärung meiner Arbeitszeiten und Umgang mit den geleisteten Überstunden.
Denn die Vergangenheit lehrte mich auf bittere Weise, Grenzen zu setzen, einzuhalten und wahrzunehmen, um der Angst vor erneuter Depression entgegenzuwirken.

Um Signale nicht zu ignorieren und Selbstfürsorge zu tragen, um nicht dort wieder zu landen, wo ich nie mehr hin möchte.

Das gerade in einer Zeit, wo eine Mitarbeiterin komplett ausfiel und der Rest der Belegschaft vorerst die Situation auffangen musste bis Ersatz gefunden war.

Mein Verhalten muss doch in den Ohren der anderen wie Unchristlichkeit, Unkollegialität und im Stich lassen klingen.

So sah ich mich selbst.

Das alles hat in meinen Augen ‚mein Ansehen' vor den Kollegen sehr geschmälert und diese in die Situation manövriert, dass sie nun die Situation auffangen müssen.

Gleichzeitig jedoch merkte ich, dass ich nicht bereit bin, Lösungen und Verantwortungen zu tragen, da ich mich nicht in der Lage und Verantwortung fühle, diese abzudecken.

War ich nun der unkollegiale Kollege geworden?
Ich fühlte ich mich als Verräter.
All diese Gedanken stellten sich im Nachhinein als falsch heraus. Man berücksichtigte meinen Standpunkt und meine Entscheidung, und das sogar mit dem positiven Effekt, den offene Aussprache bewirkt, nämlich respektiert zu werden.

Und Lösungen wurden auch gefunden!

Letztendlich ist mir dadurch die Arbeit noch wertvoller geworden.

Ich unterlag eine Zeit lang   drei **Attacken und Lügen Satans**:

1. Christen handeln nicht so!
Christen sind humanistischer als die Humanisten selbst!
Christen lassen sich lieber Unrecht tun und funktionieren, weil sie ja Zeugnis sein müssen...
„Warum lasst ihr euch nicht lieber Unrecht tun, warum lasst ihr euch nicht lieber übervorteilen?"
Ja, das hat Jesus gesagt...im Streit unter Christen.
Ist es deshalb automatisch ein göttliches Prinzip?
Denkt Gott so? Wer sortiert hier meine Gedanken?
Nein, Gott denkt individuell, situations- und problemorientiert.

2. Weil Christen nicht so handeln, kann Gott auch nicht helfen!

3. Die starken Kollegen, die alles stemmen und ich, die Memme, die Schwache, die Zimperliche... die, die nicht genügt. So sah ich mich.
Gezählt... gezählt... gewogen...
Wer wiegt mich?
Und von Wem lasse ich mich wiegen?
„Wenn ich schwach bin, dann bin ich stark!"
Hier in dieser Situation war ich die Schwache,
die, die nicht mithalten kann in der Leistungsstärke der Kollegen!

Die, die auch gar nicht mithalten muss!
Wer bestimmt meine Leistungskurve?
Zumal ich vertraglich festgelegte Vereinbarungen nicht brach!

Hier blieb mir nur zu glauben, dass ich in dieser Schwachheit eine Starke war, obwohl ich mich selbst als sehr erbärmlich empfand.
Das hat natürlich gedauert, aber langsam konnte dieses Bewusstsein einziehen.

„Wenn Gott für uns ist, wer kann dann noch gegen uns sein?"
(Röm. 8,11)

Wenn wir die absolut stärkste Macht des Universums mit „lieber Papa" anreden dürfen...

„Wer wagt es, gegen die Anklage zu erheben, die Gott sich erwählt hat?"
(Röm. 8,33)

Wir sind Seine Auserwählten.
Wir sind Sein Augapfel.
Wir sind Seine Kinder.

Ich stand als Sein Kind vor dem ‚Clan der Nachbarskinder'.
Zumindest war ich diejenige, die ihre Hilfe beim Herrn gesucht hat.
Wen wird Gott wohl geschützt haben?
Wen wird er im Triumphzug umhergeführt haben?
‚Die Nachbarskinder'?
Oder das seiner Kinder, das gerade völlig schwach und unselbstbewusst dastand?
Hier versucht Satan, uns die Papaliebe zu rauben, indem er als Verkläger auftritt, und wir glauben, so denkt Gott.
Unser Verstand und unsre Gefühle beginnen der Stimme zu glauben...

„Von ganzem Herzen danke ich Gott dafür, dass Er uns IMMER im Triumphzug von Christus mitführt. Wohin wir auch kommen, verbreitet sich die Erkenntnis Gottes wie ein angenehmer Duft."
(2.Kor. 2,14)

Das fällt mir zwar schwer zu glauben,
dass das in der Situation, in der ich steckte, wahr sein sollte.
Doch ich hatte beschlossen, es im Glauben anzunehmen, auch wenn es meinem Verstand völlig konträr lief, meine Gefühle zitterten und ich die Lüge für wahr zu halten neigte.

Im Nachhinein staune ich über die gütliche Fügung und neue Orientierung. Und den dadurch entstandenen Respekt! Die Zuneigung zueinander ist nicht geschmälert.

***

Denn mein Joch passt euch ganz genau

Glück ist ein Maßanzug.
Unglücklich sind meist die,
die den Maßanzug eines anderen tragen
möchten.
(Karl Böhm)

Wer ist der Schneider unsres Anzuges?
Welchen Schneider wählen wir?
Unsre Entscheidung,
doch das Schneidern,
Zuschneiden, Anpassen macht Er!
Sein Werk, doch wir erteilen den Auftrag!

Dieser Anzug auf dem Foto ist zum Fischen geeignet, nicht für einen Opernbesuch.

Wir tragen oft Bettlerkleidung anstatt Brautkleid!
Doch bei näherer Betrachtung ist das Brautkleid das Richtige!

Das ist die Eichung, die wir brauchen!

Foto: Christiane Batram

„Kommt alle her zu mir, die ihr euch abmüht und unter eurer Last leidet! Ich werde euch Ruhe geben. Vertraut euch meiner Leitung an und lernt von mir, denn ich gehe behutsam mit euch um und sehe auf niemanden herab. Wenn ihr das tut, dann findet ihr Ruhe für euer Leben."
(Matthäus 11:28-29 HFA)

„Kommt zu mir, ihr alle, die ihr euch plagt und von eurer Last fast erdrückt werdet; ich werde sie euch abnehmen. Nehmt mein Joch auf euch und lernt von mir, denn ich bin gütig und von Herzen demütig. So werdet ihr Ruhe finden für eure Seele. Denn das Joch, das ich auferlege, drückt nicht, und die Last, die ich zu tragen gebe, ist leicht."
(Matthäus 11:28-30 NGU2011)

„Kommt alle zu mir, die ihr euch plagt und unter Lasten stöhnt! Ich werde euch ausruhen lassen. Nehmt mein Joch auf euch, und lernt von mir! Dann findet euer Leben Erfüllung, denn ich quäle euch nicht und habe ein demütiges Herz. Und mein Joch drückt nicht, meine Last ist leicht."
(Matthäus 11:28-30 NBH)

„Kommt alle her zu mir, die ihr euch abmüht und von Last gedrückt seid! Ich will euch Ruhe schenken. Nehmt mein Joch auf euch und lernt von mir; denn ich bin mild und voller Herzensdemut; dann werdet ihr Ruhe finden für eure Seelen."
(Matthäus 11:28-29 GANTP)

Immer der gleiche Vers, welch schöne Beleuchtung durch verschiedene Übersetzungen.
Die ihr euch plagt, die ihr stöhnt, fast erdrückt werdet, euch abmüht, ...
Kommt, nehmt Erfüllung an, die leichte Last, Ruhe für die Seele, ...
Maßgeschneidert, abgewogen und für leicht empfunden.
Das Jochgespann wird vom Leitbullen getragen, das Jungtier wird sanft mitgeleitet.
Oder der maßgeschneiderte Anzug, der genau passt.

So wie keine Schneeflocke der anderen gleicht, so kann auch niemand deinen und meinen Platz ersetzen.
Bei Ihm ist das Aufatmen!
Ruhe für die Seele, ausruhen!

**

Krüppel, Sklave oder geliebter Sohn Verwaistes Herz oder Herz der Sohnschaft

MEPHIBOSETH

„Und Mephiboseth, der Sohn Jonathans, des Sohnes Sauls, kam zu David; und er fiel auf sein Angesicht und beugte sich nieder. Und David sprach: Mephiboseth! Und er sprach: Siehe, dein Knecht. Und David sprach zu ihm: Fürchte dich nicht; denn ich will gewisslich Güte an dir erweisen um deines Vaters Jonathan willen, und will dir alle Felder deines Vaters Saul zurückgeben; du aber sollst beständig an meinem Tische essen. Und er beugte sich nieder und sprach: Was ist dein Knecht, dass du dich zu einem toten Hunde gewandt hast, wie ich einer bin? Da rief der König Ziba, den Diener Sauls, und sprach zu ihm: Alles, was Saul und seinem ganzen Hause gehört hat, habe ich dem Sohne deines Herrn gegeben. Und du sollst ihm das Land bauen, du und deine Söhne und deine Knechte, und den Ertrag einbringen, damit der Sohn deines Herrn Brot zu essen habe. Und Mephiboseth, der Sohn deines Herrn, soll beständig an meinem Tische essen. Und Ziba hatte fünfzehn Söhne und zwanzig Knechte. Und Ziba sprach zu dem König: Nach allem, was mein Herr, der König, seinem Knechte gebietet, also wird dein Knecht tun. Und Mephiboseth, sprach der König, wird an meinem

Tische essen, wie einer von den Königssöhnen." Mefi-Boschet selbst aber, der Enkel deines früheren Herrn, soll täglich mein Gast sein und bei mir am Tisch essen, als (wäre er) mein Sohn.
(2. Samuel 9:6-11 ELB)

Wo sitzen wir und in welcher Gesinnung sitzen wir dort?

Sind wir der arme Krüppel, der aus Gnaden dort gnädiglich Platz nehmen darf, weil uns ein herrischer Diktator von oben herab Gnade erweist?
Eine Ehrfurcht gebietende Gnade, der man bebend und gebeugt begegnet?

Oder

Sind wir glückliche Kinder sitzend, plaudernd, angenommen in eine warme Atmosphäre der Liebe geborgen und wohlig an dieser wunderbaren Tafel in fröhlicher Runde, wissend:
Wir **gehören dazu**! Und nicht nur als wenn wir wären... wir sind Söhne und Töchter!

Unsre Ehrfurcht heißt:
Staunen über dieses wunderbare Wesen, das uns mit dieser Liebe liebt und zugleich der Schöpfer des Universums ist und unser Papa, unser Bräutigam und unser absoluter Beistand, immer da, in uns Wohnung nehmend!

Sohn oder Diener (Sklave)
Geliebt oder geduldet
Herabbeugende Gnade oder freudig gesehenes Kind

Schweres Leben oder sanftes Joch
Harte Prüfungen oder liebevolle Zubereitung und Leitung
Glimmender Docht oder siegreicher Überwinder
Durchs Leben kriechen oder freudig durchs Leben schreiten
Angst oder Geborgenheit

Das möchte ich für mich persönlich als Gebet formulieren und im Herzen erfassen:

„Ja, er jubelt, wenn er an euch denkt!"
(Zefanja 3:17 HFA)

Der Sohn war auch dann noch Sohn, als er zum verlorenen Sohn wurde. Nicht mehr in der Spur lief.
Der Bruder war immer Sklave, obwohl ihm zu jederzeit alle Reichtümer des Vaters zur Verfügung standen.
Er selbst stellte sich in den Sklavendienst.
Er selbst nahm die Rolle ein. Glaubte, diese leben zu müssen um dem Vater zu gefallen, den Vater zufrieden zu stellen. Erst durch das Begegnen der Liebe des Vaters zum gestrandeten Bruder erkannte er, dass etwas aus der Rolle lief.
Aber er erfasste nicht, was.
Er neidete und wurde missgünstig.
Anstatt genau das zu leben, was ihm gehörte:
SOHN EINES ÜBERREICHEN VATERS ZU SEIN:
DIENEN IM SINNE GOTTES IST IMMER EIN BESCHENKEN, EIN GEBEN AUS EINER REIFEN ÜBERZEUGTEN POSITION HERAUS,
UM ZU HELFEN UND NICHT,
UM DEM DIENSTHERRN ZU WILLEN ZU SEIN.

Dienstherren im Sinne des Weltsystems können die eigenen Kinder sein, Arbeit, Eltern, Partner... sind oft Mittel, um uns zu Sklaven (damit meine ich diesen falschen Dienst) zu machen. Abhängigkeiten und Erwartungshaltungen sind die Methode!

„Anerkennungsbedürfnis und Menschenfurcht ist die Falle!"
(Spr. 29,25)

Wie lebt ein Sohn in einem geliebten Vaterhaus?

„Ihr steht frühmorgens auf und gönnt euch erst spät am Abend Ruhe, um das sauer verdiente Brot zu essen. Doch ohne Gottes Segen ist alles umsonst!
Denen, die er liebt, gibt Gott alles Nötige im Schlaf!"
(Psalm 127:2 HFA)

„Ich bin zur Ruhe gekommen, mein Herz ist zufrieden und still. Wie ein kleines Kind in den Armen seiner Mutter, so ruhig und geborgen bin ich bei dir!"
(Psalm 131:2 HFA)

„Ein Lied für Festbesucher, die nach Jerusalem hinaufziehen. Ich schaue hinauf zu den Bergen – woher kann ich Hilfe erwarten? Meine Hilfe kommt vom Herrn, der Himmel und Erde gemacht hat!
Der Herr wird nicht zulassen, dass du fällst; er, dein Beschützer, schläft nicht. Ja, der Beschützer Israels schläft und schlummert nicht. Der Herr gibt auf dich acht; er steht dir zur Seite und bietet dir Schutz vor drohenden

Gefahren. Tagsüber wird dich die Sonnenglut nicht verbrennen, und in der Nacht wird der Mond dir nicht schaden. Der Herr schützt dich vor allem Unheil, er bewahrt dein Leben. Er gibt auf dich acht, wenn du aus dem Haus gehst und wenn du wieder heimkehrst. Jetzt und für immer steht er dir bei!"
(Psalm 121:1-8 HFA)

Das Problem ist nicht Gott!
Das Problem ist, dass wir das im Grunde gar nicht glauben.
Dass wir darin nicht leben.
Dass wir uns auf die Umstände konzentrieren.
Dass wir unsre eigenen Vorstellungen haben.
Dass wir oft gar nicht wirklich heil werden wollen.
Denn Krankheit, Angst, Sorge, Depression, Bindungen, Süchte und Abhängigkeiten sind oft Mauern, hinter denen wir uns verstecken und glauben, dahinter Schutz und Freude oder Erleichterung zu finden. Oder wir machen Menschen von uns abhängig oder wir uns von ihnen.

Ich persönlich habe ein Leben lang gekämpft um eine Bejahung des Lebens!
Ich drücke das so aus, weil mir bei mir selbst noch mal ganz neu bewusst wurde, dass das mein tiefstes Problem im Leben war und immer wieder noch ist, das Verkriechen vor dem Leben, seinen Herausforderungen, Angst vor ständiger Überforderung und permanenter Qual. Vor dieser sehr belastenden psychischen Erschöpfung und Zermürbung!

Da möchte ich nie mehr hin!

All das brachte Krankheiten, Migräne und Depressionen und in meinem Falle dazu auch der selbstzerstörerische Trieb, der durch Süchte befriedigt werden musste.

Ja, wie kommt man da heraus?
Gott erwarb alles Heil für uns,
DAMIT WIR LEBEN HABEN KÖNNEN IN FÜLLE.

Tief in uns drinnen sitzt die Angst.
Bei mir will sie auch wieder anklopfen, denn meine neue Aufgabe macht mir Angst.
Dabei ist es eine wunderbare Aufgabe, die Arbeit mit den Kindern. Kinder, die selbst so viel Not in ganz jungen Jahren verkraften müssen. Kinder, die besonders tapfer sind, weil ihnen das sichere und geborgene Umfeld abhanden gekommen ist. Kinder, für die Zuhause im Sinne von Schutz und Geborgenheit ein Fremdwort ist.
Was für ein Privileg es ist, dort sein zu dürfen und was für ein Vorrecht, mich in ihre Gefühle hineinversetzen zu können.
Das weiß ich sehr wohl!
Gottes Verheißung sagt mir zu, dass Er stärker ist als die anklopfende Angst.
Jetzt bleibt der Glaube, dass Gott mich kräftemäßig und mit der nötigen seelischen und psychischen Kraft ausgestattet hat, mit seiner Autorität und seiner Auferstehungskraft...
denn anders werde ich diese Aufgabe nie schaffen.
Es bleibt: Glaube ich meinem Gott, dass er das bereits alles am Kreuz für mich erwarb und ich nun dieses Geschenk in dem Bewusstsein annehme, vollkommen ausgestattet zu sein tauglich zum Leben.

JESUS ERWARB UND ICH NEHME DAS IN ANSPRUCH!
Im Kopf weiß man diese Dinge, doch in diesen Verheißungen ZU LEBEN ist noch mal ein anderes Kapitel.
Da wünsche ich mich völlig hineinzufinden.
Darin möchte ich leben, ein Leben aus
SEINEN GANZEN WUNDERBAREN VERHEISSUNGEN.
Er verspricht ein sanftes Joch, das uns ganz genau passt. Darauf werde ich mich jetzt stützen. Im Grunde fordere ich Gott mit Seinen eigenen Worten heraus.
Er möchte, dass es uns gut geht und wir Freude haben am Leben! Darauf werde ich mich im Glauben stellen.
Er verspricht uns mit seiner Kraft und Autorität ausgestattet zu SEIN, das hole ich mir von Ihm ab, weil es für mich auf der Himmelsbank bereit liegt!
Er hat Freude daran, Barmherzig zu sein!
Das fordere ich ein!

**Darüber freut sich Gott, Er freut sich,
wenn wir IHN bei SEINEM Wort nehmen.**

Wie sehe ich mich?
Wo sehe ich mich?
In der intimen Gemeinschaft zum Vater und seinem Sohn, meinem Bräutigam und Bruder und bestem Freund!
Sitze ich dort in freudiger, fröhlicher und geborgener Runde, rundum geschützt, gewollt, geliebt und zur Bereicherung der Runde beitragend und gern gesehen, freudig begrüßt dort zu sein...

Oder bin ich der Krüppel, der in gnädigster Herablassung diesen Platz einnehmen darf an den Stufen zu seinem Thron oder ganz hinten in der dunklen Ecke des Tisches, kaum wagend da zu sein?
Oder gar sich an den Gesprächen zu beteiligen...
Kusch, ergeben und gefälligst dankbar sein zu habend?
Diese Frage müssen wir uns stellen.
Und um eine innere Offenbarung beten.
Damit eine große Sehnsucht danach in uns erwacht.
Dann wird unser Blick klar!!
Dann...

„Denkt doch daran: Wir sind Hausgenossen (miteinander Lebende) des Messias, wenn wir die Glaubenszuversicht, die uns in den ersten Tagen erfüllte, bis ans Ende unerschütterlich bewahren."
(Hebräer 3:14 GANTP)

Wann beginnen wir das Leben in Jesu Worten zu suchen?

Wenn uns unser eigenes Kämpfen nach unsrer Vorstellung zu schwer geworden ist, Krankheit, Zermürbungskrieg und Verirrung uns in die Arme Jesus getrieben hat und wir zaghaft beginnen zu begreifen, dass Jesu Worte Leben sind?

Wohin wird es uns bringen?
Genau zu diesem Leben, das
ER UNS VERSPROCHEN HAT!

Wird Mephiboseth noch auf seinen Körper schauen?

Wirst du weiter auf deine Umstände schauen?

„Höre, Königstochter, und nimm dir meine Worte zu Herzen!
Du bist wunderschön, und der König begehrt dich!
Verneige dich vor ihm, denn er ist dein Herr und Gebieter!
Seht, wie prachtvoll zieht die Königstochter in den Festsaal ein!
Ihr Kleid ist mit Fäden aus Gold durchwebt, in ihrem farbenfrohen Gewand wird sie zum König geführt; und Brautjungfern, ihre Freundinnen, begleiten sie.
Mit Freudenrufen und hellem Jubel wird der feierliche Brautzug in den Palast geleitet. O König! Du wirst viele Söhne haben; auch sie werden wie deine Vorfahren regieren. Auf der ganzen Welt wirst du sie zu Herrschern einsetzen. Mein Lied wird deinen Ruhm durch alle Generationen tragen, darum werden die Völker dich allezeit preisen."

(Psalm 45:11-18 HFA)

***

Das blutende Herz

Aber schau,
da blutet es auch von oben herab,
der Vater leidet mit.

Und schau,
im Herzen selbst
platzt der Himmel auf
und ergießt sich
in den himmlischen Ozean

GOTT, WIE MÖCHTEST DU, DASS ICH DICH SEHE?

Das wird Gott dir antworten:

EIN LIEBESBRIEF AN DICH

„Ich habe große Freude daran, zu sehen, wie dir meine Liebe zu dir immer mehr bewusst wird und du dadurch zu tiefer Geborgenheit in meinen Armen findest.

Dabei verlieren die Lebensumstände für dich immer mehr ihren Schrecken.

Das ist meine Freude, wenn meine Kinder im Herzen erfassen, dass ich genau das sein möchte: DER, BEI DEM MAN SICH IN SICHERHEIT BIRGT UND DESSEN LIEBE MAN GEWISS IST.

Ich sehne mich nach Deinem Herzen, was mich als seinen Liebhaber und Ehemann liebt, wie eine Geliebte ihren Bräutigam...frisch und verliebt!

Ich wünsche mir sehr, dass du es zulässt, DASS ICH DICH GENAU AUF DIESE WEISE LIEBEN DARF!

Ich wünsche mir sehr, dass du mir vertraust, dass ich deinen Weg schon vor Grundlegung der Welt liebevoll bereitete, als ich dich erschuf.

Genauso wollte ich dich haben!

Und jeden Millimeter deines Lebensweges habe ich geplant, bewache dich wie meinen Augapfel.

Glaube diese Tatsache und gehe in diesem Wissen durchs Leben.

DU GEFÄLLST MIR SEHR UND ICH WÜNSCHE MIR, DASS DU MIR DAS GLAUBST UND WIE EIN FRÖHLICHES KÖNIGSKIND DURCHS LEBEN HÜPFST.

Du bist wertvoll. Das Kind des Herrn des Universums, nicht allein das, die Braut, Vielgeliebte, und weiter, mein Kamerad und Gefährte, meine Freundin...

SIEHST DU DAS? Ich will es dir zeigen.
Folgst Du mir? KOMM UND SIEH!!
Hab keine Angst vor Not und Leid und einer ungewissen Zukunft.
Schau, ich bin der Heiland, ich will Dein Heil für Körper, Geist und Seele.
Ich will, dass es dir gut geht.
Hab keine Angst!
Ich wünsche mir so sehr, dass du das erfasst.
Wenn du in der Not stehst, dann bin ich dir am nächsten. Dann werde ich dir sichtbar, so dass du es nie mehr vergisst und nie mehr missen möchtest.
Und ich verspreche Dir, dass jede Not einen wunderbaren Ausweg hat.

ICH FREUE MICH SEHR, WENN DU IN DIESEM KINDLICHEN VERTRAUEN IM MEINEM SCHOß AUSRUHST UND DICH AN MIR FESTHÄLTST.
ICH WILL DICH RETTEN!

Ich will, dass du das weißt!
Mich macht glücklich, zu sehen, wie du mir das zutraust und dass du mir das glaubst.
MEINEN FRIEDEN WILL ICH DIR SCHENKEN UND DER IST IMMER GRÖßER ALS ALLE UMSTÄNDE.
GLAUB MIR DAS, BITTE!"

Wie kommt es, dass wir mit Leichtigkeit den Einflüsterungen Satans Gehör schenken, (sollte… wirklich?) uns aber so schwer dabei tun, Gottes

beteuernde, bewiesene und immer wieder zuge-
sprochene Liebe nicht glauben?
Überprüft einmal eure täglichen, stündlichen Ge-
danken auf diesen Aspekt hin:
Was denke ich gerade?
Wer flüstert mir gerade etwas zu?
Welcher Stimme schenke ich Gehör?

Wenn ihr nicht werdet wie die Kinder.
Nicht kindisch, aber kindlich im Vertrauen!

***

Berührungen

Die Frau, die Jesus von hinten anrührte
Glaube und Verzweiflung

Die Frau, die Jesus Füße salbte
Dankbarkeit und tiefe Liebe

Der Vater, der den verlorenen Sohn an sich drückte
Vergebung und ungebrochene Liebe

Maria zu Jesu Füßen
Geborgenheit und der Wunsch eines tieferen Kennenlernens

Solche Gesten sagen uns viel über die innere Herzensbeziehung aus.
Ist Vertrauen da?
Kenne ich mein Gegenüber?
Liebe ich oder habe ich Angst davor?
Ist da zittrige Ehrfurcht, oder bereits innige Beziehung?
Kann ich mich vorbehaltlos anvertrauen und öffnen?
Oder verstecke ich mich ängstlich?
Habe ich Angst vor Konsequenzen oder vertraue ich auf einen Weg mit Liebe gepflastert?
Fürchte ich Gott ohne mich vor Ihm zu fürchten?

Wenn ich Fragen habe

Gott, wo bist du? Wo warst du?

Höre ich dann auf meine Gefühle?
Fixiere ich mich auf die Umstände?
Verlasse ich mich auf mein nüchternes Kalkulieren?
Oder lebt in mir bereits eine andere Gewissheit:

Ich bin geliebt

Ich bin getragen

Ich bin versorgt

Ich bin gewollt

Ich werde hindurch gerettet

Ich werde an den Umständen reifen

DENN ICH BIN SEIN KIND!

Ja, sagt ihr. Das wissen wir doch alles.
Genau!
Aber LEBEN wir es auch?

Ergebnisse von Berührungen

Ein Engel des Herrn fand sie an einer Wasserstelle. Er begegnete ihr völlig liebevoll, ich selbst stelle mir vor, wie er sie behutsam anrührt, liebevoll anschaut...

Zumindest hat diese Begegnung was Großartiges bewirkt:

Da rief Hagar aus: „Ich bin tatsächlich dem begegnet, der mich sieht!" Darum nannte sie den Herrn, der mit ihr gesprochen hatte: „Du bist der Gott, der mich sieht."
(1.Mose 16:13 HFA)

Dieses Sehen ist mehr als ein Beobachten.
Es ist ein Schauen mit den Augen der Liebe.
Nicht ein Schauen mit erhobenem Zeigefinger, wie uns oft weisgemacht wird.
Auch nicht ein Schauen mit Erwartungen, wenn... dann...
Das galt fürs Alte Testament.
Jesus will uns in Gemeinschaft bringen.
Gemeinschaft mit dem Vater.
Gemeinschaft mit dem Hl Geist.
Eine Liebesbeziehung, ein Miteinander im Herzen vereint.
Ein vertrautes Aufhalten in dieser Symbiose.
Ein Lebensstil.

Das wird niemals ohne Folgen bleiben.
Diese Folgen sind eine Umgestaltung in Sein Bild.
Im Grunde das Umgestalten in das Bild, zu dem wir erschaffen sind.
Dann werden wir mehr und mehr Ihm ähnlich.
In Charakter und Wandel.
Das ist Veränderung.
Diese geschieht im Herzen.
In der Begegnung.
Durch die Berührung.

ER SALBT MEIN HERZ MIT TROST
Was für eine schöne Berührung!

MIT REINEM WASSER BESPRENGE ICH EUCH
(HES. 36,25)

Wohltuendes Erfrischen und Reinigen.

***

Du sollst lieben!

Wer sagt das?

So spricht das **Gesetz**.
Dies benutzt der Verkläger, um uns unter Druck zu setzen!
Dies sind Worte der Religion.
Dies sind Einforderungen eines geschriebenen Buchstabens!

Ja, aber...
das sagt doch Jesus.
Wir sollen doch lieben!

Jesus sagt uns:

Ich habe euch zuerst geliebt!
Diese meine Liebe habe ich in euch ausgegossen!
Seid nicht so vermessen und arrogant zu denken, dass ihr durch eigene Anstrengung würdet lieben können.
Oder denkt nicht, wirklich liebesfähig zu sein.

Denn nur fröhliches Geben ist wahres Geben.
Auch Liebe muss ein echtes Geben sein, sonst ist es keine wirkliche Liebe.
Denn nur das Werk, durch Jesus gewirkt in unsrem Herzen, ist ein Werk ohne Selbstzweck, ohne Suche nach Anerkennung und Selbstbestätigung, ist echte Liebe.
Ja aber,
Was ist nun mit der Aufforderung, zu lieben?

Es ist gar keine Aufforderung, kein Gebot.
Das Gebot galt dem alten Bund vor Jesus Tod und
es galt den provokanten Fragen der Pharisäer.
Es soll uns eigentlich in die Einsicht bringen, dass
wir nicht in der Lage sind, wahr zu lieben.

Trotzdem gilt es... aber auf andere Art!

Ja, es gilt.
Und es soll uns Trost sein.
Soll Mut machen denen, die gerne lieben wollen.
Soll trösten jene, die sich in Jesus geliebt wissen
und **ihren eigenen Mangel erkennen.**

Solchen, die gerne lieben wollen würden, will es
zurufen:
Geliebtes Kind,
ich sorge dafür, dass die Liebe,
die ich, Jesus,
in Dich hineinlegte,
immer mehr lebendig wird und nach außen hin-
ausstahlt.
Und sich letztendlich in Werken sichtbar und als
echt erweist.

Du sollst, ... sagt also das Gesetz

Ich werde machen, dass
... ist Jesus Stimme!

Erkennt ihr den Unterschied?
Das eine ist tot,
das andere lebendig.
Das eine ist verlogen,
auch wenn oft gut gemeint,

das andere ist nicht aus uns heraus,
sondern Gottes Werk!

Du wirst lieben.
Du wirst die Gebote halten,
weil Ich, Gott, diese Frucht in Dir wirken
werde.
Noch richtiger, diese Frucht hat Jesus in dir
angelegt und wird sich entfalten.

***

Ich darf schwach sein

„Wer bin ich, dass..."
fragte Mose.

Mose erwiderte Gott: *„Wer bin ich denn, dass ich zum Pharao gehen und die Israeliten aus Ägypten führen könnte?"*
(2. Mose 3:11 NBH)

Fragte Gideon
„Der Engel Jahwes zeigte sich ihm und sprach ihn an: ‚Jahwe ist mit dir, du tapferer Held!' ‚Ach mein Herr', erwiderte Gideon, ‚wenn Jahwe wirklich mit uns ist, warum hat uns dann das alles getroffen? Wo sind denn alle seine Wunder, von denen uns unsere Väter erzählt haben? Sie sagten, Jahwe habe uns aus Ägypten hierher geführt. Aber jetzt hat er uns im Stich gelassen und den Midianitern ausgeliefert.'"
(Richter 6:12-13 NBH)

„Aber mein Herr", rief Gideon, *„womit soll ich Israel denn befreien? Meine Heereseinheit ist die kleinste im ganzen Stamm Manasse und ich bin der Jüngste in unserer Familie."*
(Richter 6:15 NBH)

Fragte David
David erwiderte: „Wer bin ich schon, dass ich Schwiegersohn des Königs werden soll? Und was hat meine Familie und die Sippe meines Vaters in Israel schon zu bedeuten?"
(1. Samuel 18:18 NBH)

Wer bin ich, dass... frage auch ich

„Höre Tochter und sieh und neige dein Ohr und vergiss deines Volkes und deines Vaters Haus, und der König wird deiner Schönheit Begehren, denn ER ist dein Herr."
(Psalm 45, 11-12; Elb.)

„Der König wird deiner Schönheit begehren."
„Du bist wunderschön, und der König begehrt dich!" (a.Ü.)
„Denn ich weiß: Gerade wenn ich schwach bin, bin ich stark."
(2. Korinther 12:10 HFA)

Hier geht es um das Schauen auf Gottes Zusagen, sein an uns bereits gewirktes Werk in uns, Ihm das zu glauben, glauben, dass Er dieses Vollbrachte in uns wirksam macht.
Das enthebt uns von vielen eigenen Anstrengungen und versetzt uns in den Zustand des Glaubens, Ihm zuzutrauen, dass Er wirkt.

Hier geht es keinesfalls um Passivität, sondern um ein Leben und Empfangen aus Glauben.
Hier geht es nicht um Rechtfertigung der Bequemlichkeit, sondern um die Bewusstmachung von zwei Wegen.

Gott gibt mir wie **ich** denke, dass **Er** tun sollte

oder

ich rechne mit der Offenbarung **Seines Weges mit mir**.
Gehe ich mit Gott oder geht Gott mit mir?
Wer hat die Regie?

Der eine Weg wird in meiner Kraft geboren, mit Strategien und menschlichen Überlegungen (wobei menschliche Überlegungen sehr wohl einen wichtigen Platz haben, doch sie müssen vom Geist platziert sein).

Der andere geschieht aus der **Erkenntnis eigener Schwachheit** und **Seine** Kraft in mir erwacht.

Dieser Weg benötigt Glauben an Seine Worte und Geduld, still zu halten, bis die Wege sich in mir offenbaren.
Dann geraten Schneebälle ins Rollen und werden zu Lawinen.

Unsrer menschlichen Natur fällt es sehr schwer, erst einmal im Kleinen treu zu sein und am eigenen Charakter gestärkt und zubereitet zu werden.
Die eine Sorte möchte Arme hoch und los.

Eine andere Variante wäre, sitzen und als Ausrede vorbringen, dass Gott wirkt.
Aber dabei sollte keiner von uns vergessen, dass Gott nicht doof ist. Er kennt unsre Herzensbeweggründe und Motivationen.
Und verarschen lässt er sich schon gar nicht.
Das haben damals schon die frommen Heuchler versucht.

Wahres Sitzen und echtes Abwarten heißt gleichfalls, das Begehren nach Seiner Nähe und Liebe.
Denn wem das Herz voll ist, dem sprudelt der Mund von ganz alleine über.
Das ist ein Fakt.

Man **teilt** der Umwelt mit, was im Herzen lebt!
Was rauskommt ist drin.
So sollte der Sitzenbleiber wissen, warum er sitzt.
Ebenso der Läufer sich fragen, warum er läuft.

Gott begegnete den verzagten Aussagen von Mose und Co nie mit Ermahnung. Aber immer mit Ermutigung, Stärkung und Verheißung.
Das ist Sein Wesen.
Das ist Seine Weise.
Und Fakt ist, er hat mit jedem von uns was Wunderbares im Sinn.
Das hat er in unser Herz gepflanzt und genau dort beginnt er sein Werk. Und genau von dort aus wird es ausgehen in die Welt!

Die Frage bleibt:
Haben wir Hunger nach einer innigen Beziehung zu Ihm?
Begehren wir sein Werk in, an und mit uns?
Denn hier ist der Dreh- und Angelpunkt!

Wie stehen wir wirklich zu Jesus?
Ist er unser inniger Vertrauter?
Haben wir uns Ihm wirklich geöffnet?
Auch unsre Dunkelkammer mit den verborgenen Fotografien?
Wenn nicht Jesus und der Vater, wer dann hat größere Liebe für genau diese Kammer?
Und wer, wenn nicht er, wird diese auf einfühlsamste und liebevollste Weise entrümpeln, streichen und schön machen... licht und hell und freundlich.

Wie sehe ich mich selbst?

Kann ich sehen, dass Gott meine Schönheit be-
gehrt?
Das war für mich anfangs nahezu unvorstellbar.
Gott sieht Schönheit in mir, wo in mir doch soviel
Selbstablehnung wohnte.

Ein weiter Weg!

***

Das Gesetz des Herzens

Gesetzes-Gehorsam

kontra

Herzens-Gehorsam

Wie oft hören wir die Ermahnung, dass Gott nichts mehr von uns wünscht, als dass wir Gehorsam sind!

Das stimmt nur zum Teil. Denn Gott ekelt es vor einem Gehorsam, der nicht aus dem Herzen kommt. Wenn wir beim Gehorsam-Sein ein unbefriedigtes, unfrohes, sogar neidisches Herz haben auf solche, die diesen vermeintlichen Gehorsam nicht bringen, dann stimmt irgendetwas absolut nicht!
Ein Gott wohlgefälliger Gehorsam kommt immer aus einem von Gott innerlich bereiteten Herzen.
Dann fällt der Gehorsam leicht!
Dann macht der Gehorsam uns selber froh!
Dann saugt er uns keine Kraft ab, wiewohl es oft Kraft braucht und uns herausfordert. Dann ist uns auch ganz bewusst, dass solch ein Gehorsam niemals in eigener Kraft und Anstrengung funktionieren kann, sondern nur durch die Hand Gottes!
Und ich glaube, dass ein **wahrer Gehorsam mit der inneren Zubereitung beginnt**. Mit dem uns von Gott selbst auf's Herz gelegtem Wunsch!
Leider geben wir Gott erst dann das Mandat, wenn wir mit uns selbst in der Sackgasse stecken.

Damit meine ich nicht die Lebenssackgasse, sondern die Tatsache, dass wir oft im Unglauben **Gottes Gebote für nicht gut halten.**
Für einschränkend!
Für beschneidend der eigenen Freiheit und Lust!
Für grausam oder sogar unmenschlich (z.B. Gottes Ordnungen von Familie, Ehe und Moral…)

Erst wenn wir erkennen, dass Gott es wirklich gut mit uns meint, uns wirklich liebt und zwar mit der wahrhaftigsten Liebe, die es irgend gibt, erst dann keimt in uns der Wunsch nach dieser anderen Art von Gehorsam, nämlich das Erkennen, das Gottes Absichten mit uns wahr und gut sind.

Erst, wenn wir Stück für Stück in diese Liebesbeziehung hineinfinden, können wir solche Zusammenhänge erkennen und bejahen.

Erst dann wissen wir, dass alles eigene an Vorstellungen und Wünschen einer Eichung bedarf, eines Filters der Liebe Gottes.
So ist der falsch dargebrachte, krampfhaft gelebte Gehorsam Gott ein Graus.
Dann ist es aufrichtiger, dieses zu gestehen und der zu sein, der man wirklich ist.
Denn das andere ist Heuchelei und Unaufrichtigkeit!

Wirkliche Umkehr beginnt damit, echt zu sein.
Zu Gott echt zu sein.
Dort zu stehen, wo man im Herzen wirklich ist!
Nicht religiös im Sinne von erfüllen, sondern sich wahrhaftig machen zu lassen von Jesus, der die

Lüge besiegt hat und die Maske liebevoll von uns nehmen möchte.
Wer kann das schonender tun, als Jesus selbst!
Wer kennt die Wahrheit besser als Jesus selbst!
Wer liebt uns vollkommener als Jesus selbst?
Wer hat dabei die aufrichtigsten Motive als Jesus selbst.
Denn Sein Wunsch mit uns ist Leben, Freude, Friede, Gesundheit und einen Sinn in unser Leben hineinzulegen, der zum Segen gesetzt ist.

Was war Eva's Sünde?
Der Apfel... der keiner war?
Nein, das war die Auswirkung!

Ihre Sünde war, dass sie Gott für einen Lügner hielt und den wahren Lügner für wahrhaftig!

Diese Sünde lebt allzu oft in uns selbst.
Mögen wir diese doch erkennen!
Und Gott als den Gott erkennen, der er wirklich ist!
Und den Vater der Lüge in unserem eigenen Leben entlarven.

Begriff: Ge-horsam

Gehör,
Geh und höre

Ich kann aber nur richtig gehen, wenn ich richtig höre.
Höre ich auf die Stimme des Treibers?
Höre ich auf die Stimme eines donnernden Gottes?
Höre ich auf Angstmacherei und gehe aus Furcht?

Oder gehe ich, weil ich nach außen zeigen will, wie christlich ich bin?

Oder höre ich die Stimme eines Liebhabers, dem ich vertraue, auch wenn ich nicht alles verstehe! Gehorsam oder Liebe?

Erst kommt die Liebe Gottes in dein Leben, dann kommt die Veränderung!

Wenn erst Veränderung gefordert wird, damit die Liebe kommt, ist es Religiosität und Selbsterlösung.

Die Stimme des falschen Geistes verstellt sich oft als Engel des Lichtes, sie hört sich auf das erste Wort hin klug und intelligent an. Unterscheiden kann man diese beiden nur im Erkennen des Wesens, das dahinter steht.
Deshalb ist es wichtig, wohl vertraut mit dem Charakter Gottes zu sein. Und das geht eben nur durch eine innige Beziehung.

***

Aufrichtigkeit

„Den Aufrichtigen hält er Hilfe bereit, / und für die Redlichen ist er ein Schild."
(Sprüche 2:7 NBH)

„Mein Schild ist bei Gott, der den von Herzen Aufrichtigen hilft."
(Psalmen 7:11 SCH2000)

„Als mein Herz verbittert war und ich mich tief verletzt fühlte, da war ich töricht und ohne Einsicht, verständnislos wie ein Tier stand ich vor dir. Aber nun ...."
(Psalm 73,21)

Es gibt einen Wendepunkt!
Aber nun...
Wie komme ich dahin?

IN ORDNUNG BRINGEN

„Geschichten & Weisheiten":

Heute eine Weisheit aus China, die ich einfach so stehen lasse:

Willst Du das Land in Ordnung bringen, so musst Du zuerst die Provinzen in Ordnung bringen.
Willst Du die Provinzen in Ordnung bringen, so musst du zuerst die Städte in Ordnung bringen.
Willst Du die Städte in Ordnung bringen, so musst Du zuerst die Familien in Ordnung bringen.

Willst Du die Familien in Ordnung bringen, so musst Du zuerst Deine Familie in Ordnung bringen.
Willst Du Deine Familie in Ordnung bringen, so musst Du zuerst Dich selber in Ordnung bringen.

In Ordnung bringen, wie geht das?

Es hat mit Wahrhaftigkeit und Authentizität zu tun!
Es hat mit Aufräumen und Entrümpeln zu tun!
Es geht um Aufrichtigkeit!

WAS IST AUFRICHTIGKEIT?

„Nur dies fand ich: Gott hat die Menschen aufrichtig und gerade gemacht, aber sie sind berechnend und falsch."
(Prediger 7:29 NBH)

Oh ja, die Welt da draußen....

Mein Nachbar, Geschwister, mein Kollege, die Politiker... Familie, Mann, Kind, ...

Und ich?

Zuallererst einmal die Erkenntnis, dass mein eigenes Herz keine Ausnahme ist und dieses Wort auch auf mein Herz zutrifft!
BERECHNEND UND FALSCH!
Andere Übersetzung:
ARGLISTIGE MACHENSCHAFTEN
SCHMIEDEN RÄNKE!
SELBSTORIENTIERTE BEDÜRFNISSE!

Auch mit der Bekehrung zu Gott ist nicht automatisch das neue Herz umgewandelt.
Das Umwandeln ist ein Prozess!

Der Umwandlungsprozess

Wie geht der?
Was gibt es da für Voraussetzungen?

Das Zulassen des Wirken Gottes am inneren Menschen

„Er öffne euch die Augen, damit ihr seht, wozu ihr berufen seid, worauf ihr hoffen könnt und welches unvorstellbar reiche Erbe auf alle wartet, die zu Gott gehören."
(Epheser 1:18 HFA)

„Mehr als alles andere behüte dein Herz; denn von ihm geht das Leben aus."
(Sprüche 4:23 SCH2000)

Selbst unsre Bereitschaft ist ein Werk Gottes in uns und lässt uns diesen Wunsch vor Gott formulieren!

Je mehr wir erkennen, dass unser Herz genau dieses für uns unergründliche Etwas ist, so sagt es uns Gottes Wort:

"Wie unergründlich ist doch, was im Inneren eines Menschen vorgeht, in der Tiefe seines Herzens!"
(Psalmen 64:7 NGU2011)

Was ist Böse?

„Und er tat, was böse war;
DENN
er richtete sein Herz nicht darauf, Jehova zu suchen."
(2. Chronik 12:14 ELB)

Wo wird Böses geboren?

„Denn aus dem Herzen des Menschen kommen die bösen Gedanken und mit ihnen alle Arten von Mord, Ehebruch, sexuelle Unmoral, Diebstahl, falsche Aussagen, Verleumdungen."
(Matthäus 15:19 NBH)

Wie schütze ich mich?

Indem ich zuallererst einmal das Böse meines Herzens bejahe.
Nicht leugnen, nicht krampfhaft wegsperren,
„weil nicht sein kann, was nicht sein darf".
Diese Gefahr lauert in religiösen Kreisen.
Man zieht das fromme Heuchelmäntelchen an.
Man setzt sich selbst gefangen!

DAS GEFÄNGNIS HAT EINE TÜRE: JESUS

Also:

ANSCHAUEN!

SELBST-EHRLICHKEIT!

AUSSPRECHEN!

Zum Glück haben wir diesen liebenden Heiland, der uns nicht verklagt.
Im Gegenteil, über solches Verhalten freut sich unser Gott!
Er nimmt uns an der Hand und führt uns in die Weite der Freiheit!

Denkt an den Vers:
Der Mensch tat, was böse war, denn er richtete sein Herz nicht darauf, Gott zu suchen.

Böse = Angesicht Gottes NICHT zu suchen

Das heißt:
Nicht fromm herumrennen von Veranstaltung zu Veranstaltung, Lehre aufsaugen, Wissen speichern, sondern mit den fauligen Herzenskammern offen das Angesicht Gottes zu suchen!

Oder, falls man sich für gut und in Ordnung hält, wenigstens erst einmal zu fragen:

HERR, WIE SIEHST DU MICH EIGENTLICH?

Oh, unser großartiger Gott wird erst einmal seine ganze Liebe über uns ausschütten, so sehr freut Er sich über solche Bereitschaft!

Übrigens eine Bereitschaft, die nicht aus unsren großartigen Herzen entspringt, sondern einzig durch Seinen Geist in uns erweckt wurde!
Das Erkennen dieser Tatsache nennt man Demut!

Dann wird Er uns klarmachen, dass diese wunderbare Liebe nichts mit TUN zu tun hat, sondern mit SEIN!

WIR SIND SEINE GELIEBTEN!

Und wenn das bei uns im Herzen angekommen ist, wird Er uns auf grandiose Weise verändern, indem Er in uns selbst den Wunsch nach Veränderung und Wachstum weckt, uns ermutigt, alle Fürsorge und Lebenssorge in seine allmächtigen Hände zu legen und IHM zu folgen!

Er ist der Handelnde!
Er handelt auf unser Geheiß!
Dann wird eine Jüngerschaft beginnen.
Eine echte, innige, tiefe Herzensbeziehung,
eine Freundschaft, Kameradschaft und
ganz große, echte Liebe.

David war der Mann nach dem Herzen Gottes!
Er hat schlimme Sachen getan.

Warum war der nach dem Herzen Gottes?

Weil Er sein Herz vor Gott ausbreitete.
Und zwar nicht das, was man ihm antat, das auch, doch in erster Linie sieht man bei ihm das völlig aufrichtige, sich selbst nicht verschonende Bekennen seiner Boshaftigkeiten.

Aber dabei blieb er nie stehen, er nahm die Vergebung Gottes ebenso voll in sein Herz auf und ging in Sieg und Wiederherstellung weiter!

Das würden manche als Hochmut bezeichnen,
aber es ist genau das, was Gott ehrt!
Keine Selbstverklagung mehr!

Das ist wahre Herzensanbetung!
Im Werk dieses großartigen Gottes auf-
recht, geborgen und geliebt zu wandeln!

ANSCHAUEN

ABGEBEN

In SEINER LIEBE LEBEN!

Diese Liebe ist nur möglich, wenn ich in der innigen, lebendigen Liebesbeziehung verweile.

FRAGE:
WANN WURDE JESUS / DER VATER ÄRGERLICH?

Als David schlimm sündigte?
Lesen wir da mehr? Er schickte Natan, den weisen
Mann.
Auf höchst einfühlsame Weise überführte er David
von seinem grausamen Verhalten:
Ehebruch, Mord und Intrige.
ER KANNTE DAVIDS HERZ!

Wütend wurde Jesus über das ganze heuchlerische
Pharisäertum!

PS NOCH:
WER SICH GELIEBT WEISS,
HAT NICHT MEHR NÖTIG SICH AN DEN
FEHLERN DES ANDEREN AUFZUREIBEN.
AUCH WIRD EINER, DER SICH GELIEBT WEISS,
NICHT DURCH DAS GEFANGEN WERDEN,
WAS MAN IHM ANGETAN HAT.
ER WIRD ERKENNEN:
SIE WISSEN NICHT, WAS SIE TUN!

Bedenke:
**„Im Wasser spiegelt sich dein Gesicht,
und durch die Menschen um dich herum
erkennst du dich selbst!"**
(Sprüche 27:19 HFA)

... man erkennt sich selbst!
Man beginnt anders zu sehen.
Ohne Verklagung!
Man beginnt zu beten.
Für sich selbst und
für die Anderen.

Wer bist du?

Eine Frau lag nach einem schweren Unfall im Koma.
Plötzlich hörte sie eine Stimme: „Wer bist du?"
Die Frau zögernd: „Ich bin die Frau des Bürgermeisters."
„Meine Frage war nicht, wessen Frau du bist, sondern wer DU bist!"
„Ich bin eine Mutter von zwei Kindern."
Die Stimme erwiderte sanft: „Meine Frage war nicht, ob du Mutter bist, sondern wer du bist?"
„Ich bin eine begeisterte Lehrerin."
„Ich habe nicht nach deinem Beruf gefragt, sondern wer du bist!"
Der Dialog setzte sich weiter so fort: „Ich habe nicht gefragt, welcher Religion du angehörst ... Ich habe nicht gefragt, was du in deinem Leben geleistet hast ... Ich habe nicht gefragt ...
Wer bist du?"
Keine Antwort schien befriedigend zu sein.

Nach einigen Tagen erwachte die Frau aus dem Koma.
Sie beschloss herauszufinden, wer sie wirklich ist!

Aus „Geschichten & Weisheiten"

Liedtext aus:
My Heart is a ghosttown von Adam Lambert

Starb letzte Nacht in meinen Träumen
Lief die Straßen
Irgendeiner alten Geisterstadt entlang
Ich habe versucht an Gott
Und James Dean zu glauben
Aber Hollywood ist ausverkauft

Sah all die Heiligen
Sperrt die (Himmels-)Tore ab
Ich konnte nicht hinein
Ging in die Flammen (der Hölle)
Rief deinen Namen
Aber es kam keine Antwort
(Diesen Zustand haben auch wir, wenn unsre Gefühle herrschen und uns vorgaukeln, Gott habe uns im Stich gelassen.)
Und jetzt weiß ich, mein Herz ist eine Geisterstadt
Mein Herz ist eine Geisterstadt
Mein Herz ist eine Geisterstadt
Mein Herz ist eine Geisterstadt

***

Jetzt bin ich auf der Suche nach Vertrauen
In einer Stadt voller Rost
Eine Stadt der Vampire

Und die Liebe ist eine Satire

Und jetzt weiß ich, mein Herz ist eine Geisterstadt
Mein Herz ist eine Geisterstadt
Mein Herz ist eine Geisterstadt
Mein Herz ist eine Geisterstadt

Es gibt niemanden mehr auf der Welt

Stimmt!
Sucht nicht auf der Welt

Lasst uns drei Fragen stellen:

HERR, WIE SIEHST DU MICH?
WIE WÜNSCHST DU DIR,
DASS ICH DICH SEHE?
WAS WÜRDEST DU MIR GERNE SAGEN?

***

Entlasten oder belasten,
Zeigefinger oder Umarmung

„Die Gesetzeslehrer und die Pharisäer", sagte er, „sitzen heute auf dem Lehrstuhl des Mose. Richtet euch deshalb nach dem, was sie sagen, folgt aber nicht ihrem Tun. Denn sie selbst handeln nicht nach dem, was sie euch sagen. Sie bürden den Menschen schwere, fast unerträgliche Lasten auf, denken aber nicht daran, die gleiche Last auch nur mit einem Finger anzurühren."
(Matthäus 23:2-4 NBH)

Manche Predigten erwecken in uns den Eindruck, dass Gott ein sehr hohes Maß an uns stellt, was wir schlichtweg zu tun, zu erfüllen haben. Da nutzt dann auch kein Schlusssatz mehr, der uns darauf hinweist, dass Gott UNS LIEBT, wenn die ganzen vorigen Worte schwerpunktmäßig auf Vorbildverhalten und Nachahmung getrimmt waren.

Gott möchte nicht mehr unser Richter sein, möchte unser Vater, und Jesus unser Bräutigam, der Hl. Geist unser Beistand, Kamerad, Begleiter sein.

Jesus ist unser Arzt, der uns völlig heilen möchte an Geist, Seele und Leib, wobei der Leib erst die völlige Wiederherstellung in Himmel erfährt. Doch übernatürliche Heilungen auch schon hier stattfinden.

Sollte Gott in unsrem Leben noch mal als Richter auftreten, dann, wenn wir Ihn gleichgültig und kalten Herzens missachten... auch dann wird er ein weiser, gnädiger Richter sein, gemäß seines Wesens und seiner Weisheit, immer mit dem Ziel, uns wiederherzustellen.

Aber ehrlich gesagt habe ich bei all meinem Chaos und Verirren Gott nie als richtend erlebt. Immer als den, der mich aufgehoben hat.

Denn in den meisten Fällen leidet das Herz selbst gewaltig bei Nicht-Funktionieren, bei Übertretungen und Fehlverhalten. Wir sind dadurch schon genug bestraft.

GELIEBT, WEIL WIR SIND!

Geliebt nicht nur, wenn wir einigermaßen in der Spur laufen!

ABER GOTT SPRICHT DOCH VON REGELN?

„Deine Regeln vergesse ich nie, denn du gabst mir Leben durch sie."
(Psalmen 119:93 NBH)

Lasst uns nicht durch das Wort Regeln (Vorschriften, Gesetze, Satzungen) irritieren.
Hier ist schlichtweg gemeint, dass allein die Gedanken, Worte, Richtungsweisungen Gottes, der ja der Konstrukteur des Ganzen ist, die wirklichen Antworten erteilt.

Das genau diese Weisungen es sind, die für uns gut sind.

Auch hier gab Jesu Tod uns vorrangig das Leben, doch das **Überwinderleben ganz praktisch** finden wir nur in der innigen Beziehung zu Ihm und dem Erkennen, dass Seine Wege und Pläne mit uns gut sind.

Wir finden dieses Leben in dem Maße, wie uns die Erkenntnis darüber erwacht, dass es gut für uns ist,
dass es aus Liebe geplant ist, dass es uns erfülltes Leben schenken möchte!

DASS GOTT GUT IST!

Dann begeben wir uns in Seine Regeln gerne hinein.
Denn dann erkennen wir, dass dahinter Leben verborgen ist, nämlich befreites Überwinderleben!
Echtes Leben, kein Siechtum!
Freude, keine Schwermut!
Kein Gefangensein mehr in den Umständen, die uns nicht gut erscheinen.

Wir sehen die Chance dahinter. Den verborgenen Wert der Situation. Wir wissen es dann ganz sicher!

So ist es **ein schönes Werk**, dem Nächsten von diesem wunderbaren Charakter Jesus zu erzählen, von dieser einzigartigen Liebe zu erzählen, wie Er uns persönlich begegnete, was unser Herz von Ihm erfassen durfte.

ICH BIN DA!
Immer!
Auch in deinen selbst gewählten Wegen.
Auch, wenn du vor mir davon läufst.
Auch, wenn du nicht funktionierst, wie man sagt,
dass du solltest.
Auch, wenn du in Süchten und Bindungen steckst.
Auch. Auch. Auch.
Da gibt's noch ne Menge auch's,
wo ich bei dir bin.
Vielleicht besser noch:
gerade dann bin ich da!
Weil
Ich dich liebe.
Weil ich um dich werbe, um deine Hand,
nein, um dein Herz.
Dieses Herz kann ich nur gewinnen, wenn es er-
fasst, dass es b e d i n g u n g s l o s geliebt
wird.
Nicht erst, wenn es etwas tut.
Nicht erst, wenn es mich zurückliebt.
Nicht erst, wenn es funktioniert.
Nicht erst, wenn es Bedingungen erfüllt, wie:
Gib mir dein Herz, dann....
Höre auf meine Worte, dann...
Leg ab alle Süchte, dann...
Lass los alles, was hindert, dann...

NEIN NEIN NEIN
„MEIN WUNSCH IST, DASS DU ERKENNST,
DASS ICH GUTE ABSICHTEN MIT DIR HABE UND
MEINE WORTE HABEN DEN ZWECK,
DICH ZU SCHÜTZEN.
MEINE WORTE HABEN DIE MACHT,
DICH ZU RETTEN.

MEINE WORTE HABEN DIE AUTORITÄT,
DIE DU BRAUCHST.
MEINE WORTE HEILEN DICH.
Je mehr du das Erfassen darfst, desto weiter wirst
du dich in meine Arme legen und dich loslassen
mit all deinem Ballast.
Je mehr du mein Wesen erkennst, meine Liebe zu
dir, desto weiter wirst du mir dein Herz öffnen."

DANN IST ES KEIN T U N MEHR, SONDERN
EINE LEBENDIGE LIEBESBEZIEHUNG.
GEWACHSEN UND ECHT!

„Erkennst du den Unterschied?
Vom Halten von Weisungen zu einer Beziehung,
die wuchs, durch das Erfassen meiner Liebe zu
dir?
Von einer lebendigen Beziehung, weil du sie als
den kostbarsten Schatz deines Lebens erkennst."

EINWÄNDE

Aber es stehen so harte Worte in der Bibel, die
machen mir Angst.

Ja, oft verstehen wir diese Worte aus der MUSS-
TUN-VERSION heraus. Und nicht so, wie sie aus
Jesu Sicht gedacht sind. Manchmal kommt man
schnell dahinter, wenn man verschiedene Bibel-
übersetzungen vergleicht.

***

Wehe...wehe-Predigt

Unser Leben ist verborgen in dem Christus Gottes

„Also trennt euch ganz entschieden von einem Lebensstil, wie er für diese Welt kennzeichnend ist!
Trennt euch von sexueller Unmoral und Ausschweifungen, von Leidenschaften und Lastern, aber auch von der Habgier, die den Besitz für das Wichtigste hält und ihn zu ihrem Gott macht! Gerade mit einem solchen Verhalten ziehen die Menschen, die Gott nicht gehorchen wollen, (die nicht bereit sind) seinen Zorn auf sich (indem Er uns erst einmal machen lässt, laufen lässt, aber nicht, ohne weiter liebevoll um uns zu werben). Auch ihr habt früher so gelebt und habt euch von diesen Dingen beherrschen lassen.
Aber jetzt ist es Zeit, das alles abzulegen. Lasst euch nicht mehr zum Zorn und zu Wutausbrüchen hinreißen. Schluss mit aller Bosheit! Redet nicht schlecht übereinander und beleidigt niemanden! Hört auf, euch gegenseitig zu belügen.
Ihr habt doch euer altes Leben mit allem, was dazugehörte, wie alte Kleider abgelegt. Jetzt habt ihr neue Kleider an, denn ihr seid neue Menschen geworden.
Eine neue Schöpfung!"
Kol.3 6...HFA

Harte Worte, ja!

Aber es geht doch hier um Selbstzerstörung.
Ich bin auch zornig, wenn die Kinder in der Wohn-
gruppe selbst- oder fremdzerstörerisch unterwegs
sind. Doch ich betone immer wieder, dass ich sie
auch dann lieb habe, wenn ich stinksauer auf sie
bin. Das verstehen sie.

Beide Emotionen können nebeneinander existie-
ren. So sehe ich das auch bei Gott. Er sieht unsre
Wege, sieht die Folgen, und wir lassen keine Rettung zu. Das löst keine positiven Emotionen aus,
die Wut gilt letztendlich nicht dem Menschen, sondern seinem Tun. Und wenn man da weiterdenkt,
letztendlich Satan, der wieder mal als Verführer
eine Schlacht gewinnt.

Man schaufelt sich die Folgen selbst.
Man erntet, was man sät.
Der Unterschied zwischen mir und Gott liegt in der
Liebe.
Ich liebe keinen Vergewaltiger.
Gott tut das. Jeder ohne Ausnahme, jeder hat ei-
nen Platz bei ihm.
„Kommt her", ist sein ständiges Zurufen.
Und wie lange seine Gnadentüre offen steht, das
haben wir nicht zu beurteilen. Das entscheidet
Gott gemäß seines Wesens und seiner Gerechtig-
keit.

Hier kommt der Cut.
Hier sagt uns Gott zu, dass Er die Folgen in die
Hand nimmt und völlig umkrempeln wird, **wenn
wir uns an Ihn wenden.**
Dann erhalten wir ein **neues Leben**.
Dann ist alles neu geworden.

Ein neuer Mensch.
Ein neues Herz.
Mit einer neuen Gesinnung!
Ein neues Geschöpf.

Das wird hier angesprochen.
Das neu **Gewordene.**
Lebt darin!
Lasst falsche Herrschaften nicht zu!

Auch wenn **wir** nicht **wollen**, das **Gebet um Herausrettung ist ein Bekunden, das ich gerne wollen würde.**
Selbst dieses Gebet wirkt Gott in uns:
Er wirkt in uns den **Wunsch** nach Rettung wenn unser Herz noch gespalten ist.
Denn die Sünde hat uns versklavt, hält uns gefangen, angekettet. Bewirkt, dass wir sie sogar lieben mit einer Art Hass-Liebe. Ein teuflisches Geflecht aus Lug und Trug.

„Gott ist beständig in euch am Werk, damit ihr immer mehr seinem Ebenbild entsprecht, ... (sein Wunsch mit uns) *nach dem er euch geschaffen hat.*
So habt ihr Gemeinschaft mit Gott und versteht immer besser, was ihm gefällt."
Kolosser 3:5-10 HFA

Hören wir noch eine
WEHE...WEHE... PREDIGT heraus?
Oder erkennen wir, was hier wirklich gesagt ist?
Wir sind!
Wir haben!
Hierauf wird das Augenmerk gelenkt.

Ein Aufheben aus dem Staub!
Ein Hinstellen in eine Tatsache!
Hier geht es um Verstehen, um eine Erkenntnis des Herzens, die uns freisetzt von alten Mustern und Herrschaften!

Worte, die uns animieren möchten,
mutig Gottes Plan mit uns zu begehren.
Dort unser Leben zu suchen!
Dort unser Leben immer mehr zu erkennen!

Wer hat mich frei gemacht?

Jesus ...ja, ...!
Der Glaube an Jesus... ja...!

Die *Erkenntnis*, wer dieser Jesus ist,
was er für mich getan hat, wie er mich sieht.
Seine Liebe zu mir.
<u>Er nahm mich bei der Hand und führte mich zum Vater.</u>
Das war Seine Mission!
Das setzt frei, bis in die Seele und den Körper hinein.
Dafür nahm Er den Tod in Kauf,
denn eine andere Lösung gab es nicht.
Er gibt mir meinen Wert,
meine Identität.
Er schenkt mir vollkommene Liebe.

Je mehr wir das im Herzen realisieren, umso mehr werden wir uns von falschen Lebensgewohnheiten trennen, ...regelrecht getrennt werden, denn unser inneres Trachten ist etwas ganz anderes.

Es wird nicht mehr um Verzicht gehen, sondern um ein ‚nicht mehr Wollen' bis hin zum Verabscheuen.

DENN ER WIRKT IN UNS DAS RECHTE WOLLEN.

Johannes sagt einmal, dass wir gar nicht mehr sündigen können. Natürlich fallen wir, immer wieder, aber
wir hassen die Sünde und Begehren die Freiheit.
Das ist Gottes Werk, sein Geist in uns!

„Meine Seele klebt am Staube;
belebe mich nach deiner Verheißung!"
Psalmen 119:25 SCH51

Gespräch mit einer Blumenzwiebel

Erzähler: In einem Lagerschuppen lag eine zufriedene Blumenzwiebel. Eines Tages nahm der Gärtner sie in seine Hand und sagte:

Gärtner: Es ist an der Zeit, dass du lebendig wirst. Darum werde ich dich jetzt einpflanzen.

Zwiebel: Lass mich in Ruhe! Mir geht es hier doch gut. Ich möchte nicht in die dunkle Erde gesteckt werden.

Gärtner: In dieser Umgebung kannst du nicht entdecken, was alles in dir steckt. Du musst dich verändern und in der Erde das wirkliche Leben kennen lernen.

Zwiebel: Ich möchte mich nicht verändern. Jetzt weiß ich was ich habe. Was soll denn aus mir werden?

Gärtner: Du sollst entdecken, was in dir steckt. Nur wenn du dich auf Veränderungen einlässt wirst du das blühende Leben kennen lernen.

Zwiebel: Und was geschieht, wenn ich so bleiben will, wie ich jetzt bin?

Gärtner: Dann wirst du eine vertrocknete, leblose Zwiebel und du wirst das kostbare Leben, das in dir steckt, nie kennen lernen.

Zwiebel: Aber wenn du mich eingräbst, dann sterbe ich in der dunklen Erde.

Gärtner: Was heißt schon sterben? In der Angst um dein Leben siehst du nur die eine Seite. Du stirbst nicht. Du wirst verwandelt. Je mehr du deine alte Gestalt aufgibst, desto mehr erwachst du zum neuen Leben und wirst die, die du wirklich bist.

Zwiebel: Werde die, die du wirklich bist? Was heißt das? Ich bin doch eine wirkliche Zwiebel, eine Blumenzwiebel!

Gärtner: Leben heißt: sich verändern, sich entfalten, wachsen und reifen. In dir steckt noch viel mehr, als du jetzt denkst.

Zwiebel: Warum willst du mich dafür in die dunkle Erde stecken? Kann das Licht der Sonne meine Lebenskraft nicht wecken?

Gärtner: Niemand kann nur in der Sonne leben. Die Dunkelheit ist für dein Leben wichtig. Wer sich dunkle Stunden ersparen will, nichts hergibt, auf nichts verzichten will, kommt nicht zum Leben. Wer ein gutes und erfülltes Leben finden will, der muss etwas aufgeben, loslassen, Neues wagen.

Zwiebel: Kann ich denn nur in dunklen Stunden entfalten, was in mir steckt?

Gärtner: Zu deinem Leben gehören die hellen und die dunklen Stunden, Tage und Nächte. Nur wenn du beides durchlebst, kannst du wachsen und dich entfalten.

Erzähler: Nachdem der Gärtner das gesagt hatte, grub er ein Loch und pflanzte die Zwiebel ein. Kurze Zeit sah sie noch einen Lichtpunkt über sich, dann aber wurde es ganz finster. Die lange beschwerliche Zeit des Wachsens begann. In ihrer ausweglosen Lage jammerte die Zwiebel:

Zwiebel: Jetzt ist es bald zu Ende mit mir. Es hätte so schön sein können, aber nun vergeht mein Leben in der dunklen Erde.

Erzähler: Die Zwiebel verwandelte sich. Sie wurde ganz runzelig. Aber sie bemerkte auch:

Zwiebel: Ganz tief in mir regt und bewegt sich etwas. Ich spüre neues Leben in mir. Leben, das wachsen und sich entfalten will.

Erzähler: Nach langen düsteren Tagen durchfuhr sie ein heftiger Schmerz. Es war, als ob eine Lanze ihr Herz durchbohrt hätte. Diese Wunde wurde zur

Tür in ein neues Leben. Der erste Trieb hatte die Zwiebelschale und den Erdboden durchdrängt. An die Stelle tiefer Finsternis trat jetzt helles wärmendes Licht. Das neue Leben war aufregend und schön.

Zwiebel: Jetzt kann ich wachsen und mich entfalten. Jetzt verstehe ich, was der Gärtner meinte: Leben bedeutet wachsen, sich verändern, sich verwandeln.

Gärtner: Weil du deine alten Schalen durchbrochen hast, kann dein eigentliches Leben zum Vorschein kommen.

Erzähler: Unter der Zärtlichkeit und Wärme der Sonne wuchs der Trieb. Mit der Zeit bildeten sich Knospen.

Gärtner: Noch lebst du nur für dich und verwendest deine ganze Kraft auf die Entfaltung deines Wesens. Aber wenn du dich entfaltet hast, dann bringst du Farbe, Duft und Freude in das Leben anderer Wesen. Da, wo du blühst, wird es lebendiger und bunter in dieser Welt.

Zwiebel: Ich spüre Kräfte in mir, die zur Entfaltung drängen. Wenn ich meine Knospe sprenge und zu blühen beginne, dann wird deutlich, wie schön und einmalig ich bin.

Gärtner: Wenn du so weit in den Himmel hinein gewachsen bist, wie du in der tiefen Erde verwurzelt bist, dann wirst du dich ausdehnen und als Blüte zum neuen Leben erwachen. Es ist nicht leicht, die Knospe aufzubrechen, die dich beschützt. Aber wenn du zum blühenden Leben gekommen bist, dann wirst du alle Schmerzen des Wachsens vergessen.

Erzähler: Langsam und behutsam entfaltete die Blume ihre zarten, bunten Blütenblätter. Sie ließ sich vom Licht und von der Wärme durchströmen bis in die letzten Fasern. Ein unbekanntes Glücksgefühl durchzitterte sie, und sie empfand sich zum ersten Mal ganz frei und leicht. Und sie spürte, dass Himmel und Erde, Licht und Dunkelheit als eine große Wirklichkeit zusammengehören.

Zwiebel: Der Himmel ist in mir lebendig geworden. Der Himmel ist auf einmalige Weise in mir zur Entfaltung und zur Blüte gekommen. Es ist wunderbar, wenn sich alles entfaltet, was verborgen in uns lebt durch den Geist Gottes. Erst dann, wenn wir so über unser altes ich hinauswachsen, leben wir wirklich.

(Quelle unbekannt)

Nun klebt die Seele nicht länger am Staube!

Resümee:
Ge-horsam hat mit echtem Wahrnehmen, hören der sanften Stimme Gottes zu tun.
Der Erkenntnis und dem Für-wahr-halten Seiner Worte und Werke in uns.
Gehorsam ist nur möglich, wenn ich dem Gebietenden vollkommen vertraue und weiß, dass es gut ist, so zu tun!

***

Der einsame Spaziergang

Wie so oft bewegte mich mal wieder die Frage nach Eigenverantwortlichkeit, Selbstfürsorge und das Maß zur Grenze zum Egoismus. Gottes Fürsorge im Kontext zu verantwortlicher Selbstreflexion.

Was darf ich und wie weit gilt dabei Gottes Zusage?

Kurzum, ich war viele Kilometer gefahren, schlenderte am Strand, wollte anschließend schön Essen gehen und es mir einfach so rundum gut gehen lassen.

Aber finanziell hätte ich eher kalkulieren und abwägen müssen, doch meine Psyche schreit nach Relaxen, nichts Denken, einfach die Schönheit des weiten Meeres und menschenleeren Strandes zu entdecken und genießen.

Bei meiner hochsensiblen Persönlichkeit und der wunderbaren, aber anspruchsvollen Aufgabe an Kindern mit bereits schweren, traumatischen Erlebnissen stoße ich an meine emotionalen Grenzen und meine Seele schreit nach Ausgleich und Ablenkung.

So fand ich mich mit meinem Gott redend am Strand.

„Wie siehst Du das wirklich? Du selbst sagst in der Bibel, dass Du keinen Platz für die Nacht hattest.

Warst Du so arm? Warum lebtest Du so?

Was heißt dann Nachfolge für mich?

Ich fange langsam an, mich ein kleines Stückchen als Königskind zu sehen und weiß nicht, wie Du wirklich denkst.

Bitte, sprich in mein Herz. Dieser Zwiespalt zerreißt mich."

In meinem Herzen wurde eine wundervolle Seite angezupft und es erklangen liebevolle Worte:
„Meine geliebte Tochter, **Ich** wusste doch, wer ICH BIN!
Du musst es immer und immer wieder von mir gezeigt bekommen, damit dein Herz erfassen kann, dass du ein Königskind bist! Ich liebe Dich! Und ich will, dass Du glücklich und unbeschwert leben kannst!
Leben!
Nicht kasteien, nicht krampfen nicht zerquälen... leben!
Auch Deine Seele braucht Nahrung. Genieße jetzt!"

Ich kann nicht beschreiben, was das in mir auslöste, aber ich wusste, das hier war eine ganz besondere Begegnung.
Ich zitterte vor übervollen Emotionen und das verließ mich stundenlang nicht mehr.
Bis jetzt hallt diese Begegnung in mir nach...
sie ist einfach da! Sie lebt in mir weiter!

***

Depressiv und lebensmüde

Einleitung:
Es gibt drei Lebensbereiche, in denen der Mensch sich aufhält:

1. *Leben ohne Gott*
In der Unkenntnis und Blindheit

Gefühl der Wertlosigkeit
Lebensängste
Scheinlösungen, wie Süchte
Verirrungen

2. Jesus begegnet sein
und ein falsches Gottesbild angezogen haben

Äußert sich in:
Bemühen, Gott zu gefallen
und der falschen Vorstellung,
sich seine Liebe und Gunst erwerben zu müssen.
Wenn... dann, (und wehe, wenn nicht)
Du sollst... du darfst nicht.
Selbstverleugnung völlig falsch interpretiert.
Selbstliebe wird als Egoismus angeprangert.
Vorschriften, Methoden, Regelwerk wird ausgelebt.
Gefühle muss man abtöten und ignorieren.

3. Ich bin eine Vielgeliebte

Wie sieht es nun bei uns aus?
Die wir schon teils sehr lange Christen sind?

Mit den Empfindungen, über die ich hier reden möchte, habe ich mich in den letzten Wochen selbst herum geschlagen. Empfindungen, die mich selbst verklagten, oder ich mich verklagen ließ.

„Wie kann ich öffentlich über einen liebenden Gott reden, wenn in meinem Herzen, auf meiner inneren Festplatte, noch ganz andere Fenster im Hintergrund geöffnet sind, die permanent versuchen, ständig die Herrschaft zu übernehmen.‘‘

Mein neues Handy meldet Hintergrundprozesse mit folgendem Text:

ENERGIEFRESSENDE HINTERGRUNDAKTIVITÄTEN WURDEN GEFUNDEN!

Das ist doch ein geniales Bild unsres Zustandes.

Lassen wir uns von Jesus genau diese Hintergrundprozesse zeigen.

Das Erkennen ist eine wichtige Voraussetzung zur Heilung.

Diese beginnt mit dem Erkennen **wollen.**

In der letzten Zeit bete ich sehr viel das Gebet zum Durchdringen zur völligen Lebensbejahung.

So, wie von Jesus eigentlich gedacht, als

ER für uns DAS LEBEN ERWARB!

Ich möchte gerne leben wollen!

Ich möchte diesen Frieden, der höher ist als die Umstände, in denen wir stecken, völlig genießen können!

Ich möchte ein freudiger "Mehr-als-Überwinder" werden.

Vieles hat Gott schon getan und ich bin auch davon überzeugt, dass diese Gebete solche sind, die ER erfüllen wird!

In der Zwischenzeit ist das schreckliche Wort **Ausharren** gefragt.

Und genau hier möchte ich so gerne in einem freudigen, gespannten, glaubenden Erwarten das schreckliche Ausharren gegen ein erwartungsvolles Abwarten eintauschen.

Solches Begehren in uns an sich ist schon ein Werk Gottes.

Wir begehren eigentlich eher greifbare Dinge, nach unseren Vorstellungen, Planungen und Ideen.

Wir wollen, dass Gott so schnell wie möglich die Umstände ändert.
ER ändert! Aber nach SEINER WEISHEIT,
Doch immer in vollkommener LIEBE!
Das ist SEIN VERSPRECHEN
„Alle Dinge zum Besten!"

Nach und nach wird ein stilles Erwarten auf Gottes Handeln den inneren Kämpfen die Macht rauben!

Doch die Rettungen begannen bei mir erst zu greifen, als ich erkannte, welche Prozesse da in mir stattfinden und die Stimme des Verklägers immer besser von der Stimme unsres Herrn unterscheiden lernte.
Und mir immer mehr bewusst wurde, was es heißt:

JESUS HAT AM KREUZ ALL DIESES ERKAUFT.

ICH HABE ES SCHON!

Doch erst die **Erkenntnis im Herzen** über das Ausmaß dieses Werkes lässt mich im Glauben schauen und erfassen und wird in mir lebendig!
Und das erlebe ich tatsächlich auf besondere Weise, seit ich das alles tief im Herzen begehre!

„Komm aus deiner Höhle heraus und tritt vor mich hin!
Denn ich will an dir vorübergehen. " (dir begegnen)

„Da sandte Isebel einen Boten zu Elia und ließ ihm sagen: So sollen mir die Götter tun und so hinzufügen, wenn ich nicht morgen um diese Zeit dein Leben dem Leben eines von ihnen gleich mache! Und als er das sah, machte er sich auf und ging fort um seines Lebens willen, (a.Ü.: da packte Elia die Angst) und kam nach Beerseba, das zu Juda gehört; und er ließ seinen Knaben dort zurück. Er selbst aber ging in die Wüste, eine Tagereise weit, und kam und setzte sich unter einen Ginsterstrauch. Und er bat, dass seine Seele stürbe, und sprach: Es ist genug; nimm nun, Jehova, meine Seele, (a. Ü.: wünschte, tot zu sein). „Herr, ich kann nicht mehr!", stöhnte er. Denn ich bin nicht besser als meine Väter. Und er legte sich nieder und schlief ein unter dem Ginsterstrauch. Und siehe da, ein Engel rührte ihn an und sprach zu ihm: Stehe auf, iss! Und als er hinblickte, siehe, da lag zu seinen Häupten ein Kuchen, auf heißen Steinen gebacken, und ein Krug Wasser. Und er aß und trank und legte sich wieder hin. Und der Engel Jehovas

kam zum zweiten Male wieder und rührte ihn an und sprach: Stehe auf, iss! Denn der Weg ist zu weit für dich. Und er stand auf und aß und trank, und er ging in der Kraft dieser Speise vierzig Tage und vierzig Nächte bis an den Berg Gottes, den Horeb. Und er ging daselbst in die Höhle und übernachtete daselbst. Und siehe, das Wort Jehovas geschah zu ihm, und er sprach zu ihm: Was tust du hier, Elia? Und er sprach: Ich habe sehr geeifert für Jehova, den Gott der Heerscharen; denn die Kinder Israel haben deinen Bund verlassen, deine Altäre niedergerissen und deine Propheten mit dem Schwerte getötet; und ich allein bin übrig geblieben, und sie trachten danach, mir das Leben zu nehmen. Und er sprach: Gehe hinaus (a.Ü.: „Komm aus deiner Höhle heraus und tritt vor mich hin! Denn ich will an dir vorübergehen.") und stelle dich auf den Berg vor Jehova! Und siehe, Jehova ging vorüber, und ein Wind, groß und stark, zerriss die Berge und zerschmetterte die Felsen vor Jehova her; Jehova war nicht in dem Winde. Und nach dem Winde ein Erdbeben; Jehova war nicht in dem Erdbeben. Und nach dem Erdbeben ein Feuer; Jehova war nicht in dem Feuer. Und nach dem Feuer der Ton eines leisen Säuselns. Und es geschah, als Elia es hörte, da verhüllte er sein Angesicht mit seinem Mantel, und ging hinaus und stellte sich an den Eingang der Höhle. Und siehe, eine Stimme geschah zu ihm also: Was tust du hier, Elia? Und er sprach: Ich habe sehr geeifert für Jehova, den Gott der Heerscharen;

denn die Kinder Israel haben deinen Bund verlassen, deine Altäre niedergerissen und deine Propheten mit dem Schwerte getötet; **und ich allein bin übrig geblieben, und sie trachten danach, mir das Leben zu nehmen! Und Jehova sprach zu ihm (a.Ü.: „Da gab der Herr ihm einen neuen Auftrag."): Gehe, kehre zurück deines Weges, nach der Wüste von Damaskus; und wenn du angekommen bist, so salbe Hasael zum König über Syrien. Und Jehu, den Sohn Nimsis, sollst du zum König über Israel salben; und Elisa, den Sohn Saphats, von Abel-Mehola, sollst du zum Propheten salben an deiner Statt. Aber ich habe siebentausend in Israel übrig gelassen, alle die Knie, die sich nicht vor dem Baal gebeugt haben, und jeden Mund, der ihn nicht geküsst hat. Und er ging von dannen und fand Elisa, den Sohn Saphats, welcher gerade pflügte mit zwölf Joch Rindern vor sich her, und er war bei dem zwölften; und Elia ging zu ihm hin und warf seinen Mantel auf ihn."**
(1. Könige 19:2-16, 18-19 ELB.)

Was tust du hier?
Interessensfrage, keine Kritik!

Hier geht es nicht um Kritik, wie ich sonst immer verstanden hatte.
Gott sagt nicht: „Was fällt dir ein, hier rumzujammern und dich zu verkriechen?"
Hier geht es um Fürsorge, um kümmern,
um nachgehen, aufheben und trösten!
Hier geht es um Offenbarung!

Offenbarung, zuallererst mal unsres eigenen Zu-
standes.
Aber ohne Anklage!
Sondern immer mit der Motivation, gesund zu ma-
chen!
Heil zu machen!
Aufzurichten!
Uns zu lieben!

Wie sieht es da in uns aus mit:

Angst

Depression

Einschüchterung

Selbstmitleid

Lebensmüdigkeit

Todeswunsch

Flucht in Schlaf und Vergessen (Straußensyndrom)

Rückzug

Selbstverklagung

Flucht in Ersatzbefriedigung und Sucht

Lasst uns das Gebet Davids beten:

*Herr, schau in mein Herz und zeig mir, wie es
wirklich ist*
(PS. 139)

Offenbarung Gottes kann danach in unser Herz gelegt werden. Lasst diese Offenbarungen in eurem
Leben zu.

Kommt aus der Höhle heraus!

Es beginnt mit der gemeinsamen Gott-und-Du-Beziehung.

Das Gebet ist dabei der Dialog, mit Sender und Empfänger.
Hier ist das richtige Gottesbild so wichtig!

Das Erkennen, welche Stimme mit mir Konversation betreibt. Wie ich Gott sehe, so verstehe ich auch sein Wort.

Betrachtung des eigenen Zustandes

Gott geht mit uns dabei liebevoll, aufrichtend und immer wieder stärkend um.

Lässt uns aber genauso unsre Verschnaufpausen!

Es gibt im Hohelied eine Stelle, die besagt:

„Ich beschwöre euch, ihr Töchter Jerusalems: Weckt die Liebe nicht und scheucht sie nicht auf, bis es ihr selber gefällt!"
(Hohelied 2:7 NBH)

Gott lässt uns die Zeit, bereit zu werden.

Elia hatte eine ganz persönliche Begegnung mit Gott.
Er erkannte ganz neu **Gottes Wesen**,
nämlich das sanfte Säuseln.
Heftiges, lautes, polterndes war nicht Gottes Stimme!

Was tut uns hier so wohl?

Elia, der Große war depressiv!
Hatte alle Symptome einer Depression.

Das sagt uns aber auch, dass Depression nicht von wenigen Menschen Besitz nimmt, sondern dass gewisse Situationen diese Stimmungen auslösen (können).
Schämt euch nicht für solche Stimmungen!!
Gott **wird** sich zu euch herabbeugen, wie Er es bei Elia tat!

Und:
> Gott benutzt solche Menschen!!
> Mit diesen baut er Geschichte!

Seid gewappnet!

Solche Situationen sind Satans Möglichkeiten, uns so richtig tief in sein gefühlsbeherrschtes Refugium mit hineinzuziehen. Dann trifft jeder abgeschossene Pfeil mitten in unsere Seele.

Wir liegen und resignieren,
Wir grämen und schämen uns
und kämpfen nicht mehr.
Wir wollen nicht mehr.

Wir sind eingesperrt in unsrer eigenen Seele.

Wesensmerkmale des Bösen

Unterdrücker
Durcheinanderbringer
Angstmacher
Räuber der wahren Werte
Räuber der Zusagen Gottes
Verkläger
Verblender
Vampir,
saugt unsre von Gott geschenkte Kraft ab!
Satan ist unglaublich religiös!
Er zitiert Gottes Wort,
aber immer im Sinne von Unterdrückung!

Deshalb ist es so wichtig,
Satans Wesen zu durchschauen!
Und Gottes Wesen tief zu verinnerlichen!

Gott wirkt in uns das Wollen und das Vollbringen

Er wird sein Ziel mit uns weiter verfolgen.
Auch und gerade genau dann,
wenn wir es nicht hinkriegen.
Wenn wir Fehler machen.
Wenn wir rebellieren.
Wenn wir nicht mehr wollen.
Wenn wir nicht an Gottes Zusagen glauben.

Er, der das gute Werk in uns begonnen hat, wird
es auch vollenden.

Es geht ihm vor allen Dingen um eine **Liebesbeziehung** zu uns! Wenn wir dann zubereitet sind,

(bzw. bereit gemacht worden sind) hat Er einen neuen Auftrag für uns.
„Da gab der Herr ihm einen neuen Auftrag:.."

Also:
bereit machen lassen, zulassen lohnt sich!

Wie geht bereit machen lassen?

Indem wir Seine Zusagen ausleben,
für wahr annehmen:

Wir sind seine Lieblingsmenschen!

Wir sind eine neue Schöpfung.
Wir haben Auferstehungskraft in uns wohnen.
Wir sind Kinder Gottes.
Die Braut Jesu.
Haben Zugang ins Allerheiligste.
Sitzen dort in einer familiären Tischgemeinschaft und Liebesgemeinschaft.
Tragen die Waffenrüstung Gottes.
Haben die Autorität Gottes.
Haben das Geschenk des gleich kostbaren Glaubens wie Jesus selbst.

Jesus starb für unsere Schuld - wir sind frei.
Eine herrliche Freiheit der Kinder Gottes.
Er starb auch für das Heil von Seele und Leib.
Unser Körper ist ebenfalls teuer erkauft.
Diese Kette von Zusagen lässt sich endlos fortsetzen.....

Gott jubelt, wenn er an uns denkt.
Kannst du dir das vorstellen?

Kannst du das glauben?
Gott hat Freude daran, dir Gutes zu tun!
Er freut sich, wenn Er barmherzig sein kann.
Der gesamte Psalm 91 und Psalm 23 ist voller wunderbarer Zusagen. Lasst uns Sein Wort mit den Augen Seiner Liebe zu uns lesen. Ist unser Herz mit Seiner Liebe angefüllt, dann fließt es von ganz alleine über. Denn wenn ich verliebt bin, rede ich automatisch von meiner Liebe!
Lasst uns uns von Jesus selbst „verliebt machen"
Denn alles andere ist ein Dienen aus dem Buchstaben heraus, weil es im Wort so steht!
Doch diese Worte müssen erst in uns lebendig gemacht werden, Atem Gottes muss in die Worte eingehaucht werden! Dann brauchen wir die Aufforderung: „Du sollst lieben!" nicht mehr. Das sagt Jesus zu den Pharisäern.
Uns sagt Er:
Du wirst lieben!
Ich werde machen, dass Du liebst!
Denn die ausgegossene Liebe in Deinem Herzen werde **Ich** dir bewusst und sichtbar machen.

Übrigens:
So heißt es im Original Urtext:
Du wirst lieben, und zwar Dich selbst!
Gott und Deinen Nächsten!

Noch ein Gedanke!
Wie sah denn letztendlich Elias Ende wirklich aus?

Er wurde von feurigen Wagen in den Himmel abgeholt!

***

Er

(komm mal runter)

„Lass den Herrn dich führen!
Vertraue ihm,
dann handelt <u>er</u>."
(Psalmen 37:5 NBH)

In all den vielen christlichen Meinungen, theologi-
schen Lehrgebilden und Anforderungen, daraus zu
lernen, unterscheiden, prüfen und erkennen, stand
ich vor viel mehr Fragen als vor den Fragen.
Durch viel geistlichen Input, den Konsum vieler
Auslegungen und Predigten und dem Vergleichen
mit Seinem Wort stand ich an einer Fehl-
Ernährung oder Überfütterung, oder schlichtweg
Fütterung ohne Verdauung.
Wie auch immer, wusste ich nicht mehr, wie denkt
Gott denn nun wirklich?
Was ist mein Part, was ist Sein Part?
Wie viel Anstrengenden meinerseits um Glauben
und Vertrauen, um geistliche Kampfführung, Be-
mühungen, es gut zu machen, richtig zu verste-
hen, Ausgewogenheit zwischen Tun für Gott und
Selbstfürsorge, wie viel Schutz vor falschen Geis-
tern, wie Schwarmgeistern und religiösen Geistern
grade in der christlichen Szene, Schutz vor Ein-
flüssen von Außen...
Gedanken purzelten alle durcheinander.
Wie kann ich all diesem verantwortlich begegnen?
Wie kann ich mich schützen?

Gar nicht!

Denn es ist unmöglich, zu durchschauen,
unmöglich, in der Weisheit und Wachsamkeit zu
wandeln.
Unmöglich, dem Lügner nicht zu unterliegen.
Unmöglich, soviel Geistlichkeit zu erlangen,
um zu bestehen.

Aber genau hierzu fordert die Bibel auf!
Genau hier ermahnen die Prediger des Wortes.
Genau das wird proklamiert und verkündigt und gelehrt.

Mir ging's jedenfalls so: Je tiefer ich eindringen
wollte, desto verwirrter wurde ich.
Bis ich mich an die schlimmen Zeiten erinnerte, in
denen ich genau diesen Kampf aufgab und mich in
die Rolle der Resignation begab.
Und genau dort hob Gott mich liebevoll auf.

Was war denn nun geschehen?
Ich wollte diesmal alles gut machen, richtig verstehen,
nicht mehr der Manipulation von allen Seiten unterliegen.
Wollte eine reife, geistliche Frau werden in Eigenverantwortung. Wollte Autorität ergreifen.
Aber was hatte ich denn nun falsch verstanden?

Eigenverantwortung heißt niemals,
dass Gott nicht ganz nah ist.
Eigenverantwortung heißt nicht,
jetzt hast du eine gewisse Reife,
jetzt sieh mal zu, wie du damit wandelst.
Eigenverantwortung heißt schlichtweg,

sich immer bewusster zu werden, wie nötig wir Gott in jedem Augenblick haben und dass Gott genau jeden Augenblick vorhanden ist und das mit Macht.
In dieser Gewissheit lässt es sich leben!

Ich hatte schlichtweg in all diesem Bestreben, es hinzubekommen, **Gottes wahre Gedanken mit mir** aus den Augen verloren.

Diese Verse brachten mich noch mal zurück
in Seine Ruhe.
In Seine Arme.
An sein Herz.

Nicht, dass Er mir nicht nah gewesen wäre, nein, ich hatte wieder mal stückweit **Seine Liebe zu mir** aus dem Bewusstsein verloren.
Seinen **Charakter** vergessen.

„Wundervoll ist deine Güte, Gott!
Im Schatten deiner Flügel suchen Menschenkinder Schutz.
Sie laben sich am Reichtum deines Hauses.
Vom Bach deiner Freude lässt du sie trinken.
Denn bei dir ist die Quelle des Lebens,
in deinem Licht sehen wir Licht.
Erhalte deine Gnade denen, die dich kennen,
deine Gerechtigkeit denen, die aufrichtig sind."
(Psalmen 36:8-11 NBH)

„Er gibt dir, was dein Herz begehrt. Lass dich führen vom Herrn!
Vertraue ihm, dann handelt er.

Er wird dein Recht aufgehen lassen wie das Licht,
deine Gerechtigkeit wie die Sonne am Mittag.
Werd still vor Gott und warte auf ihn!
Auch wenn er strauchelt, stürzt er nicht hin,
denn Gott hält ihn fest an der Hand.
Ich war jung und bin nun alt geworden:
Nie sah ich die Gerechten verlassen,
nie ihre Kinder auf der Suche nach Brot. Immer können sie freigebig leihen und ihre Kinder werden zum Segen.
Unser Herr steht ihnen bei, er lässt sie entkommen; und sie entfliehen den Bösen.
Er hilft ihnen, denn bei ihm suchen sie Schutz."
(Psalmen 37:1-40 NBH)

JETZT SAGT BITTE NICHT, DAS WISSEN WIR!

Ja, ich kannte und kenne die Worte auch.
Doch ich verlor sie stückweit aus dem Herzen.
Ich verfiel in Bemühungen, Anstrengungen zu ergründen und erforschen.
Verlor dabei die lebendige, geborgene Beziehung.
Verlor die Gewissheit darum, geliebt, geborgen, getragen, beschützt und wertvoll zu sein.
Das Wissen, dass Er der Wirkende und Handelnde ist, steckte im Kopf fest. Aber war nicht mehr im Herzen verankert.

Vertraue Ihm, dann handelt Er ...

Diese Worte holten mich zurück
aus Kampf in Ruhe.

Jesus flüsterte mir zu:
Komm mal runter!
Lass mal los!
Ich habe dich mit allem ausgestattet, was du
brauchst!
Komm!
Du genügst mir!

Erschrecke nicht vor den hohen Wellen des
Lebensozeans, sondern genieße es, darauf zu
segeln.

***

Das leidige Interpretieren!

Interpretieren ist ein Beurteilen von Dingen, die man meint zu wissen, dabei aber vergisst zu sehen, dass man nur ein Puzzleteil des ganzen Kontextes kennt, aber glaubt, das vollständige Bild zu sehen!

Glück oder Unglück - wer weiß das schon?

Im alten China lebte einst ein armer alter Bauer, dessen einziger Besitz ein wundervoller weißer Hengst war. Selbst der Kaiser träumte davon, dieses Pferd zu besitzen. Er bot dem Alten Säcke voller Gold und Diamanten, doch der Alte schüttelte beharrlich den Kopf und sagte: „Mir fehlt es an nichts. Der Schimmel dient mir seit vielen Jahren und ist mir zum Freund geworden. Und einen Freund verkauft man nicht; nicht für alles Geld der Welt."
Und so zogen die Gesandten des Kaisers unverrichteter Dinge wieder ab.
Die Dorfbewohner lachten über so viel Unvernunft. Wie konnte der Alte bloß wegen eines Pferdes soviel Reichtum und Glück ausschlagen?
Eines Morgens war das Pferd verschwunden. Die Dorfbewohner liefen aufgeregt vor dem leeren Stall zusammen, um das Unglück des alten Bauers zu beklagen. „Sag selbst, Alter, hat sich deine Treue gelohnt? Du könntest ein reicher Mann sein, wenn du nicht so eigensinnig gewesen wärst. Jetzt bist du ärmer als zuvor. Kein Pferd zum Arbeiten

und kein Geld zum Leben, Ach, das Unglück hat dich schwer getroffen."

Der alte Bauer blickte bedächtig in die Runde, nickte nachdenklich und sagte: „Was redet ihr da? Das Pferd steht nicht mehr im Stall, das ist alles, was ich sehe. Vielleicht ist es ein Unglück, vielleicht auch nicht. Wer weiß das schon so genau?"

Tuschelnd gingen die Leute auseinander. Der Alte musste durch den Schaden wirr im Kopf geworden sein, anders ließen sich seine Worte nicht erklären.

Einige Tage später, es war ein warmer, sonniger Frühlingstag und das halbe Dorf arbeitete in den Feldern, stürmte der vermisste Schimmel laut wiehernd die Dorfstraße entlang. Die Sonne glänzte auf seinem Fell, und Mähne und Schweif flatterten wie feinste Silberfäden im Wind. Es war ein herrlicher Anblick, wie er voller Kraft und Anmut dahergaloppierte.

Doch das war es nicht allein, was die Dörfler erstaunt die Augen aufreißen ließ. Noch mehr Staunen riefen die sechs wilden Stuten hervor, die hinter dem Hengst hertrabten und ihm in die offene Koppel neben dem leeren Stall folgten.

„O du Glücklicher, von den Göttern gesegneter Mann! Jetzt hast du sieben Pferde und bist doch noch zum reichen Mann geworden. Bald wird Nachwuchs deine Weiden füllen. Wer hätte gedacht, dass dir noch einmal soviel Glück beschieden wäre?", riefen sie, während sie dem alten Mann zu seinem unverhofften Reichtum gratulierten.

Der Alte schaute gelassen in die aufgeregte Menge und erwiderte: „Ihr geht zu weit. Sagt einfach: Jetzt hat er sieben Pferde. Ob das Glück oder Unglück bringt, niemand weiß es zu sagen. Wir sehen immer nur Bruchstücke, wie will man da das Ganze beurteilen? Das Leben ist so unendlich vielfältig und überraschend."

Verständnislos hörten ihm die Leute zu. Die Gelassenheit des Alten war einfach unbegreiflich. Andererseits war er schon immer etwas komisch gewesen. Na ja, sie hatten andere Sorgen.

Der alte Bauer hatte einen einzigen Sohn. In den folgenden Wochen begann er die Wildpferde zu zähmen und einzureiten. Er war ein ungeduldiger, junger Mann, und so setzte er sich schon früh auf eine der wilden Stuten. Dabei stürzte er so unglücklich vom Pferd, dass er sich beide Beine mehrmals brach. Obwohl die Heilerin ihr Bestes tat, war allen klar, dass seine Beine nie wieder ganz gesund werden würden. Für den Rest seines Lebens würde er ein hinkender, behinderter Mann bleiben.

Wieder versammelten sich die Leute vor dem Haus des Alten. „O du armer, alter Mann!", jammerten sie, „nun entpuppt sich dein Glück als großes Unglück, dein einziger Sohn, die Stütze deines Alters, ist nun ein hilfloser Krüppel und kann dir keine Hilfe mehr sein. Wer wird dich ernähren und die Arbeit tun, wenn du keine Kraft mehr hast? Wie hart muss dir das Schicksal erscheinen, das dir solches Unglück beschert."

Wieder schaute der Alte in die Runde und antwortete: „Ihr seid vom Urteilen besessen und malt die Welt entweder schwarz oder weiß. Habt ihr noch immer nicht begriffen, dass wir nur Bruchstücke des Lebens wahrnehmen? Das Leben zeigt sich uns nur in winzigen Ausschnitten, doch ihr tut, als könntet ihr das Ganze beurteilen. Tatsache ist, mein Sohn hat beide Beine gebrochen und wird nie wieder so laufen können wie vorher. Lasst es damit genug sein. Glück oder Unglück, wer weiß das schon?"

Nicht lange danach brach ein Krieg aus. Das ganze Dorf war von Wehklagen und Trauer erfüllt, denn alle wussten, dass die meisten Männer nicht mehr heimkehren würden.

Wieder einmal liefen die Dorfbewohner vor dem Haus des alten Bauern zusammen: „Wie recht du hattest. Jetzt bringt dein Sohn dir doch noch Glück."

Der Alte schaute nachdenklich in die verstörten Gesichter der Leute. „Könnte ich euch nur helfen, weiter und tiefer zu sehen, als ihr es bisher vermögt. Wie durch ein Schlüsselloch betrachtet ihr euer Leben, und doch glaubt ihr, das Ganze zu sehen. Niemand von uns weiß, wie sich das große Bild zusammensetzt. Was eben noch ein großes Unglück scheint, mag sich im nächsten Moment in Glück erweisen. Anderseits erweist sich scheinbares Unglück auf längere Sicht oft als Glück und umgekehrt gilt das Gleiche. Sagt einfach: Unsere Männer ziehen in den Krieg, und dein Sohn bleibt zu Hause. Was daraus wird, weiß keiner von uns. Und jetzt geht nach Hause, und teilt die Zeit miteinander, die euch bleibt."

(Autor unbekannt)

Soweit sagt es der alte Mann!

Aber zum Glück kennen wir den Lenker unseres Weges.

Wir kennen sein Wesen,
seinen Charakter,
seine Verheißungen für uns,
seine Zusagen, was das Leben für die Erde betrifft.
Wir brauchen nicht stehen zu bleiben bei den Worten:
Wer weiß das schon?
Wir dürfen in dieser Geborgenheit in den schützenden, liebenden Armen Gottes ruhen!
Doch eines wird hier sehr schön sichtbar:

Wir interpretieren und wissen es nicht!
Wir beurteilen eine kleine Momentaufnahme.
Daraus ziehen wir Schlüsse.
Danach handeln, reden und verurteilen wir.

Dem Interpretieren folgt unweigerlich das Beurteilen und Verurteilen

Worauf der Mensch sieht:

„Aber Eliab, sein ältester Bruder, hörte ihn mit den Männern reden. Da entbrannte Eliabs Zorn wider David, und er sprach: Warum bist du herabgekommen? Und bei wem hast du dort in der Wüste die wenigen Schafe gelassen?
Ich kenne deine Vermessenheit und deines Herzens Bosheit wohl; denn du bist herabgekommen, um den Kampf zu sehen!"
(1. Samuel 17:28 SCH51)

WIR NEIGEN DAZU,
NEGATIV ZU INTERPRETIEREN!

Wir beurteilen das, was für uns verborgen ist!

„...Gott sieht nicht auf das, worauf der Mensch sieht; der Mensch sieht auf das Äußere; der HERR sieht auf das Herz."

Deshalb lasst uns immer die Herzen der Menschen suchen.
Das, was hinter der Fassade lebt. Eine Fassade ist nicht unbedingt etwas Böses. Es ist oft ein bitter nötiger Schutz in der Situation und für diese Zeit.
Wir erkennen meist nicht den Schutzmechanismus, sondern schauen auf das Verhalten, das daraus entsteht und beurteilen dann dieses anhand der Gebote Gottes. (das ist Schriftgelehrtentum!)

So sehen wir den Säufer, aber nicht den verzweifelten dahinter!

Wir sehen die Arrogante, Schöne, aber nicht das versteckte, kleine Kind, das sich wertlos fühlt.

Wir sehen die zerrüttete Ehe: Scheidung ist Sünde. Sagen wir ganz religiös.

So gehen vielleicht Menschen psychisch zugrunde.
Und wir haben sie gerichtet anhand der Gebote des Wortes Gottes:
Du sollst nicht... du darfst nicht... du musst aber... wehe wenn du...
Dann wird man in eine Buße hineingedrängt, die gar nicht möglich ist.
Denn echte Buße heißt: Ein inneres Erkennen des eigenen verlorenen Zustandes, der Verzweiflung und Hilflosigkeit, der Unfähigkeit es richtig und gut machen zu können.
Das Erkennen der ERLÖSUNGSBEDÜRFTIGKEIT.

Sage ich einem Abhängigen:
„Schmeiß die Spritze weg, das ist Sünde!"
Dann ist es, als wollte ich ihm seinen Schnuller rauben.

ICH KANN IHM DEN HEILAND MIT SEINER GANZEN LIEBE ZU UNS VORSTELLEN.

DANN WIRD ER EINEN HAUCH VON SEHNSUCHT ZU DIESEM RETTER EMPFANGEN.
Ich bin davon überzeugt, dass das der einzig legale Weg für uns ist, eine Stellungnahme überhaupt abzugeben.

Und das auch nur dann, wenn ich selbst meinen eigenen, bis dahin bewussten Herzenszustand im offenen Dialog mit Gott halte.

Hier trifft das Splitter-Balken-Prinzip in Kraft.

Dialog
zuerst mit Gott über mich selbst und dann in einen offen, emphatischen Dialog zu meinen Nächsten.
Dann gehen Familien.
Dann geht Ehe.
Dann geht Freundschaft.

Dann kann ich überhaupt erst Gnade mit meinem Nächsten haben!

„Wer darnach trachtet, gerecht und gnädig zu sein,
der findet Leben, Gerechtigkeit und Ehre."
(Sprüche 21:21 SCH51)

Offenheit
Dazu gehört auch die Bereitschaft, das eigene Versagen mit Gott offen anzuschauen.

Unser Gebet sollte wie Davids Wunsch sein:

„Schaffe mir, Gott, ein reines Herz, und er-
neuere in meinem Innern einen festen
Geist!"
(Psalm 51:10 ELB)

Dazu gehört Courage, z,B. der Mut,
meinem Nächsten mein Versagen einzugestehen.
Dazu gehört Demut.
Das ist Demut!

Definition von Demut:

Ein inneres Erkennen des eigenen verlorenen Zustandes, der Verzweiflung und Hilflosigkeit, der
Unfähigkeit es richtig und gut machen zu können.

Das Erkennen der ERLÖSUNGSBEDÜRFTIGKEIT.

Was Lustiges zum Interpretieren:
Wenn du ein Glas Bier auf diesem Foto siehst,
brauchst du dringend Urlaub.

(Gemalt nach einem Foto aus dem Netz.)

***

Das Silvesterdate
und das Feuer vom Himmel

Lange konnte ich nichts damit anfangen, warum Jesus so gerne Menschen im Himmel haben möchte. Seine Sehnsucht und Liebe zu uns, unverdient... und sein großes Interesse an uns. Was hat ER davon?

So eine kleine Ahnung, dass das Schöne wunderbar ist an sich, jedoch an Bedeutung gewinnt, wenn man es mit jemandem teilen kann, der echten Anteil nimmt und wo ein wirkliches gemeinsames Genießen stattfinden kann, das ist vollkommen.

So lebe ich das Schöne. Und oft bin ich gerührt über solche Geschenke der gemeinsamen Momente. Aber es gibt eben auch Tage, geschürt durch vermeintliche Bedeutsamkeit, geprägt in unsrer medialen Gesellschaft, die bewirkt, dass man sich echt verloren fühlen kann, wenn man dann alleine zurück bleibt. Solche Zeiten sind die Weihnachtstage und der Jahreswechsel. Welche Geschenke eine intakte Familie dann sein können, ist wahrscheinlich den intakten Familien gar nicht bewusst. Doch alleine sein, in oder außerhalb einer Familienstruktur, kann sich als große, emotionale Belastungsprobe erweisen und wohl dem, der bereits stückweit durch diesen Kelch hindurchwanden durfte mit dem Blick auf einen wunderbaren Sonnenaufgang, der nicht mehr in der Dunkelheit stecken bleibt.

Wenn der Morgenstern in unseren Herzen aufgeht.
(2.Petr. 1,19)

Aber nichts, auch gar nichts ist vergleichbar, nicht mal wunderbarste Beziehungen unter Menschen, wenn ein ganz anderes Begegnen stattfindet, ein persönliches Date mit Gott selbst.
Das stellt alles in den Schatten.
Und davon möchte ich jetzt berichten.

Es war Silvester 2016
Mein neues, schönes Leben in der neuen Heimat hatte seinen ersten Jahrestag und es war nach wie vor ein wunderbares Geschenk, doch ich bin auch immer noch ich.
So fand ich an Silvester den Weg nicht zu Menschen, die mich sehr wohl eingeladen hatten, sei es mit einigen anderen Frauen zusammen oder mit den Menschen am Ort, am Hafen zum Feuerwerk.

Das Alleingefühl war einfach stärker. Ok, ich stürzte nicht mehr in tiefe Verzweiflung wie in vielen Jahren davor, doch so eine leise Wehmut wollte doch versuchen, Besitz zu ergreifen.

So legte ich mich schon abends kurz nach 10 Uhr ins Bett. Mit dem Gebet: Herr Du weißt, dass ich Dir für alles sehr dankbar bin, aber Du weißt auch, dass ich mich manchmal ganz allein hier unten auf der Erde fühle. Um einen Gedankenkrieg zu verhindern, hörte ich mir über Handy mit Köpfhörer eine Online-Predigt an zu dem Thema: Berufung! Denn ich wusste immer noch nicht so recht, wie mein Leben weitergehen sollte, um finanziell gesichert zu sein. Aber vor allem suchte ich den Weg und Plan des Herrn für mich zu erkennen, finden, und im Vertrauen, dass er existiert, auch zu gehen! Sehr schnell schlief ich mit den beruhigenden, Mut machenden Worten im Ohr ein, ohne mich an das Gesagte tatsächlich zu erinnern.

Dann weckten mich die Böllerschüsse, das Zimmer erhellte sich farbenfroh durch den bunten Regen der Raketen, und eine Stimme in meinem Ohr betete: „Oh, Herr, wir danken Dir für das Feuer, das Du vom Himmel regnen lässt, direkt in unsre Herzen, um diese anzuzünden durch Deinen Geist."

Wer spricht da, passend zum Jahreswechsel?

Irritiert, aber auch aufgeregt erregt realisierte ich, dass das immer noch zu der vor zwei Stunden begonnenen Predigt gehörte. Der Pastor betete. Es war eine ältere Predigt, keine Direktübertragung anlässlich des Jahreswechsels und niemals hörte ich über onlinepredigt.de eine anschließende Gebetsgemeinschaft, ab und an mal ein Schlussgebet. Und schon gar nicht Predigten, die nahezu zwei Stunden dauern.

Hier war's offensichtlich so! Exakt getimt begann der Pastor beim Einsetzen des Feuerwerkes zu beten!

Und was er alles betete, um all meine inneren Fragen und Sorgen, genau das Gebet, was mein Innerstes auch ausgesprochen hätte. 20 Minuten lang schütteten Menschen genau meine eigenen Gedanken vor Gott aus, denn es fielen immer mehr Menschen ein in diese Gebetsrunde.

Es war mir, als wäre ich dort, mittendrin, und was noch größer war, es war alles jetzt in dem Moment für mich arrangiert. Es war eine Begegnung meines Gottes mit mir und anderen Menschen, die die gleichen Herzensanliegen vor Gott trugen, die mich bewegten.

Dinge, die Menschen so schlecht verstehen, nämlich, geduldig zu warten auf die Türen, die der Herr öffnen wird und nicht vorzeitig los zu rennen. Die Ängste und Verklagungen, die einen in dieser Zeit durch den inneren Kritiker ebenso wie durch Sicherheitsdenken und Gesellschaftsstrukturen von außen zermürben wollen. Das Festhalten am Wissen, dass Gott den Weg hat und führen wird, dass Er aus Liebe zu uns handeln wird. Und auch den eigenen Existenzängsten zu begegnen, die uns all das rauben wollen, „als wenn Gott sorgen würde, zu sorgen haben wir gefälligst selbst", wobei man wieder beim Losrennen aus Angst wäre.

Ich war überwältigt, war mir doch sternenklar, dass ich damit gemeint war. Dass ein übernatürlicher Trost auf mich herabfiel und mich bestätigte in dem, was mein Herz bereits wusste, aber oft nicht wagte zu glauben. Mit Herzklopfen und einem großen, freudigen inneren Druck stand ich bewegt am Fenster, das wunderbare Feuerwerk

über dem Wasser zu bestaunen und auf eine überwältigende Weise der Worte zu lauschen, die gleichzeitig in meinen Ohren klangen wie himmlische Prophetie, was es auch war!
Das war mein Silvester 2016

„Schaut nach vorne, denn ich will etwas Neues tun!
Es hat schon begonnen, habt ihr es noch nicht gemerkt?
Durch die Wüste will ich eine Straße bauen,
Flüsse sollen in der öden Gegend fließen."
(Jesaja 43:19 HFA)

***

Wie deine Tage, so deine Kraft

Wenn ich die neue Woche vor Augen habe, beginne ich meine Kräfte zu mobilisieren, zu dosieren, um die Woche durchzuhalten.

Unmut und Unwillen klopfen an die Türe, sie nennen sich „Hartes Leben" und „stressiges Dasein" und versuchen, mir den Mut zu nehmen, die Freude zu rauben und Panik zu machen, dass ich nicht durchhalten werde.

Wie deine Tage, so deine Kraft

Was heißt das denn wirklich?

Es heißt zu allererst einmal, das **Gott der Geber** ist.

Das Er austeilt, und zwar nach Bedarf und genug. Denn Seine Gnade genügt. Es reicht, es reicht so sehr, dass Freude und Dankbarkeit das Ergebnis sein werden.

Es ist ein Geben im Überfluss.

Sind die Tage härter, ist die Gabe so reich bemessen, dass es trotzdem ein sanftes Joch bleibt.

Zumindest sagt das Gott!

Sind die Tage stiller, dann treibt uns der Treiber mit der Rute ins Tun. Und es wird uns aussaugen. Denn auch die sanften Tage schenkt uns Gott. Das sind oft ganz wertvolle Zeiten, ganz in inniger Beziehung mit Ihm. Dort tanken wir auf, dort erholt sich Körper, Geist und Seele.

Diese Zeiten suchte Jesus immer wieder.

Er zog sich zurück!

Er war nur mit seinem Vater allein!

In dieser Zeit dürfen wir genießen.
Das sind Tage der Selbstfürsorge.
Tage des Sich-von-Gott-lieben-zu-lassen.
Damit wir wieder Liebe zu verschenken haben.

Wie stehen wir denn wirklich dazu?

Wird uns das Leben beherrschen oder erdrücken?
Sogar schon die Angst und Sorge davor und vor
Eventualitäten, die nicht mal eintreffen werden
oder nur zum geringen Teil.
Denn viele unsrer Sorgen werden nie real werden.
Wieder stehen wir hier vor dem Problem:
Was trauen wir Gott überhaupt zu?
Dass Er uns Leid schickt?
Dass Er uns ständig an unsren Grenzen jonglieren
lässt.
Dass Er uns prüft und abhärtet?

Oder nehmen wir unser Leben aus einer anderen
Perspektive in Angriff?
Gott sorgt.
Er kümmert sich.
Er plant und denkt.
Er bereitet.
Er hat Fantasie als Planer.
Er hat die Kraft und die Mittel.
Er wird es gut machen!

**Nämlich all das hat Er uns in Seinem Wort
versprochen.**

**„Und alles, was in der Heiligen Schrift steht,
wurde früher aufgeschrieben,
damit wir daraus lernen.**

*Die Schrift ermutigt uns zum Durchhalten,
bis sich unsere Hoffnung erfüllt."*
(Römer 15:4 NBH)

„Und der Gott, von dem Geduld und Ermutigung kommen, gebe euch..."
(Römer 15:5 NBH)

Er ruft uns zu:
Habt keine Angst.
Ich bin da.
Ich trage euch.
Ich LIEBE euch mehr, als ihr je erfassen könnt.

ABER, VERTRAUT EUCH MIR AN.

TRAUT MIR ALL DAS ZU!

GEBT MIR EUER JA ZU MEINER LEITUNG!

*„Menschen .....wurden Gott gehorsam, und
zwar durch sein Wort und Werk, in der Kraft
von Zeichen und Wundern und in der Kraft
des Heiligen Geistes..."*
(Römer 15:18-19 NBH)

Ich bin davon überzeugt, dass echter Gehorsam, Herzensgehorsam, nur so möglich ist.
Ist uns wirklich bewusst, dass wir Ihn in jedem Moment brauchen?
Stehen wir wirklich in diesem Bewusstsein?
Sein Werk, Seine Kraft, Seine Gnade, Seine Liebe, ist das wirklich unser Motor?
Ist es wirklich Sein Geist, aus dem wir leben?
Der unser Leben geworden ist?
Haben wir Seine vielen Geschenke an uns begonnen im Glauben auszupacken?

„Möge Gott, die Quelle der Hoffnung, euch im Glauben mit Freude und Frieden erfüllen, damit eure Hoffnung durch die Kraft des Heiligen Geistes immer stärker wird."
(Römer 15:13 NBH)

***

Bleibet

...in meiner Liebe

...wachsam

...standhaft,

dann

...der bleibt in mir und ich in ihm...

Das hört sich stark nach Aufforderungen an,
nach wenn... dann...

Wie stelle ich das denn an?
Wie bleibe ich denn in Ihm, wachsam, standhaft?
Indem ich mich schrecklich doll bemühe, anstrenge, diszipliniere?
Ja, das geht schon stückweit. Doch das ist nicht Gottes Weise. Dieses Bemühen ist vom Räuber, vom Dieb. Er raubt uns nämlich auf diese Weise die Liebe zu Gott. Stiehlt die Geborgenheit, die Sicherheit und das Ruhen an Seiner Brust.

Dieses Bemühen führt uns lediglich dahin, zu erkennen, ich krieg das nicht hin. Ich kann das nicht erfüllen. Es treibt mich in Verzweiflung.
Und es hat auch was ganz ganz Wertvolles in all dem Abstrampeln.
Ich erkenne, dass ich es nicht kann.
Das Wahrnehmen, dass meine eigene Kraft nicht ausreicht, treibt mich wieder in die Arme Jesu.
Ins Gebet. In die Frage an Gott:
Was meinst du mit den Worten wirklich?

Dann kann Gott uns **Sein** Wesen offenbaren.

Dann können wir hören, was wir vorher nicht wahrnehmen konnten:

Bleibe bei mir!

Höre mir zu!

Lass dich nicht von den falschen Einflüsterungen beirren.

Hier gilt Standhaftigkeit!

Hier gilt Wachsamkeit!

Hier gilt, ganz nah an Seinem Herzen zu ruhen. Nicht falsche Einflüsterungen für Gottes Wesen zu halten.

Hier brauchen wir Offenbarung Seiner selbst.

Hier ist es wichtig, in Seiner Liebe zu bleiben, d.h. sich dieser Liebe zu mir bewusst zu sein, in dieser gegründet und verwurzelt zu sein. Wissend diesbezüglich zu werden.

Dann stehen wir!

Dann bleiben wir!

Dann beginnen wir seinen Worten wirklich zu glauben!

Dann stellt sich Geborgenheit ein, auch angesichts von Nöten und unsicheren Situationen.

Also: Stehet fest in der Liebe!

Wisset, ihr seid vollkommen geliebt.

„Ihr seid meine Freunde, wenn ihr tut, was ich euch aufgetragen habe."
(Joh. 15, 13-14)

Uff, doch Anforderungen?

Nein, dieses Tun erwächst aus einer Liebesbeziehung. Ich erlebe eine gewaltige Liebe in meinem Herzen... diese Liebe wird auch in mir und durch mich handeln.

Eine gewachsene Frucht gereift durch. Ich habe diese nicht produziert. Sie ist das Bleiben am Herzen Gottes. Durch das verinnerlichen Seiner Worte. Durch das Erkennen des wahren Wesens Gottes.

Und Seine Liebesbeziehung zu Dir!

Was meint Jesus mit den Geboten, die Er uns gegeben hat?

„Bleibet in meiner Liebe. Wenn ihr nach meinen Geboten lebt..."

Genau, in Seinem Wesen zu bleiben. Nicht religiös aktiv, sondern in echter Frucht gewachsen... äußerlich ist oft der Unterschied nicht sichtbar.

Der Humanismus sieht auch gut aus, weiße Magie und Esoterik sehen äußerlich oft sehr gut aus.

Doch die einzige wahre Frucht ist die durch Gottes Herz in unsrem Herzen gewirkte.

Eine Frucht des Geistes. Ein Werk, bereitet in mir. Und das geht nur, durch den Geist Gottes in unsrem Geist.

Verstehen wir den Unterschied?

Kennen wir den Unterschied?

Gott will, dass wir lieben. Das ist tatsächlich sein Gebot. Doch Er will der sein, dessen Liebe es ist.

Die falsche Frucht muss weg!

Auch wenn sie noch so gut erscheint.

Sie ist eine faule Frucht.

Echte Frucht bringt Segen.

Faule Frucht richtet Schaden und Verwirrung an.

So lasst uns Bleiben!

Wachsam, standhaft in **Seiner** Liebe!

Jesus sagt: Auch ich richte mich nach den Geboten meines Vaters und **lebe in Seiner Liebe!**

Diese Gebote sind lebendig gewordenes Herz.

Kein Tun nach Anleitung, sondern eine gereifte Frucht... genau die Frucht, die eingepflanzt ist in unsren Herzen. Sozusagen ein lebendiges „Gebot." Keine tote Anweisung, die zu befolgen ist.

LIEBKOSUNG

War mir das Herz von Sorgen schwer, / dann liebkoste dein Trost meine Seele.
Psalmen 94:19

***

Jesus lässt sich nicht lumpen

Eine geschenkte Segensreise

Freitag, Sonntag und heute, am Mittwoch, ruft Jesus mir zu: **sorge nicht**

Am Freitag mit Philipper 4,6
„Macht euch keine Sorgen! Ihr dürft in jeder Lage zu Gott beten. Sagt ihm, was euch fehlt, und dankt ihm!"
(Philipper 4:6 HFA)

Am Sonntag mit Matthäus 6,33
„Setzt euch zuerst für Gottes Reich ein und dafür, dass sein Wille geschieht. Dann wird er euch mit allem anderen versorgen."
(Matthäus 6:33 HFA)

Und heute zur dritten Bestätigung noch mal mit Matthäus 6,25
„Darum sage ich euch: Macht euch keine Sorgen um euren Lebensunterhalt, um Nahrung und Kleidung! Bedeutet das Leben nicht mehr als Essen und Trinken, und ist der Mensch nicht wichtiger als seine Kleidung?"
(Matthäus 6:25 HFA)

Und das nicht, weil ich in der Bibel danach gesucht hätte, es war das Gebet: Gott, du musst mir helfen, mein Glaube ist zu klein.

Drei mal hintereinander im Vers des Tages auf der Bibel-App... drei mal, damit ich auch kapiere!

Doch will von vorne beginnen:

Ich bat Gott um seine Meinung, ob ich es mir leisten kann, darf, zwei Tage bevor ich meinen Enkel hole, noch Zwischenstation in einem Hotel an der Küste zu machen.

Die gemietete Hütte am See, das Benzin, die Ausflüge mit Tysen, all das kostet schon mehr als genug.
Eigentlich müsste ich rein rechnerisch das Geld beiseite legen, für das Dach, das im Oktober ausgebessert werden muss, für ein neues Auto in absehbarer Zeit und überhaupt für das Pachtland, auf dem mein Haus steht, wenn es tatsächlich in Eigentumsland umstrukturiert wird... sonst bleibt nur, Haus verkaufen...

Wie viel Verantwortung habe ich da zu tragen... wo ist die Waagschale, zum sich etwas zu gönnen, zur Selbstfürsorge, wo beginnt Egoismus?
Das immer gleiche Dilemma und die immer wiederkehrende Tretmühle.
Die immer gleiche Frage: „Gott, wie denkst du da?"
Geh ich nicht sparsam Haushalten, trage ich unter Umständen krasse Folgen.
Ursache und Wirkung.
Sparen und gute Frucht,
unnötiges Ausgeben mit Schaden als Ergebnis.

Aber du bist doch reich und ich dein Kind. Du willst doch, dass es mir gut geht. Darf ich so einfach denken und verschwenderisch sein, letztendlich ohne immer zu rechnen und kalkulieren und mich

letztendlich dabei doch nicht in einem sicheren Bereich zu bewegen, denn im Ernstfall wird es trotz eisernem Sparen doch nicht reichen.
Was passiert ist, dass ich einen Geiz gegen mich selbst und meine Umwelt entwickele.

Du musst mir zeigen, wie **du** denkst.
Bis ich kapiere, dass ich deine geliebte Tochter bin.

Die Tochter des reichsten Mannes des Universums.
Wie gewaltig und wie schwer zu erfassen.
Ich wünsche mir so sehr, in diesem Bewusstsein durchs Leben zu gehen. Frei von Angst und Sorge, gelassen in den Umständen, in dem Wissen:
Ich bin übermäßig geliebt.

Und weil Gott Gott ist, hat er alles schon am ersten Tag mit wunderbaren Fügungen gespickt.
So begab ich mich gestärkt und zuversichtlich auf meine Reise in die alte Heimat.
Eine spontane Eingebung veranlasste mich unterwegs von der Autobahn abzubiegen, um einen Abstecher an einen Ort zu machen, den ich schon lange aufsuchen wollte.
Die Spuren der Vergangenheit aufzuspüren.
...Durch die Erzählung meines Stiefvaters wusste ich, dass er in einem Gutshaus aufwuchs, ein riesiges Anwesen, dem sozusagen der ganze Ort untertan war, ein Ort, der seine Kindheit bestimmte und der Ort, in dem seine Schwester 1945 von den Russen erschossen wurde, und in seinen Armen verstarb. Die Familie wurde enteignet und musste fliehen. Bis zum heutigen Tag hat er diese Ereignisse nicht verkraftet.

Noch heute erinnert sich der Ort an die Familie, die Tragik und den Verfall des Anwesens.

Ställe stehen noch, sind zu Wohnhäusern umgebaut.

Man zeigte mir den Familien-Friedhof unter den Eichen. Das ehemalige Gutshaus ist heute einer Wiese gewichen, auf der ein Storchenpaar brütet ... eine schöne Metapher...

Tief bewegt von diesem Abstecher machte ich mich auf die Weiterreise. Mein Wunsch war es, noch einen zweitägigen Zwischenstopp einzulegen an der Küste der Nordsee. Spontan in der Hauptsaison ein Zimmer zu ergattern, am liebsten mit Meerblick und in der ersten Reihe und dazu noch zu einem günstigen Preis - eine unrealistische Vorstellung. Und nach einiger Sucherei in verschiedenen Urlaubsorten wurde ich dann fündig. Günstig, direkt am Strand, mit Terrasse und direktem Meerzugang für sage und schreibe 45 € inclusive Frühstück. Sonst bezahlte ich für weniger schöne Zimmer ohne diese fantastische Lage und teils ohne Frühstück zwischen 80 und 100 €.

An diesem Abend erlebte ich einen faszinierenden Sonnenuntergang direkt vor meinem Zimmer als krönenden Abschluss eines vom Himmel geschenkten Tages.

Der nächste Tag stellte mich auf eine arge Geduldsprobe, denn ich brauchte für die restlichen 500 km bis zum eigentlichen Ziel geschlagene zehn Stunden... so vollgestopfte Autobahnen habe ich bis dahin noch nicht erlebt. Aber ich kam dann wohlbehalten in meinem wunderhübschen gemieteten Häuslein am See an. Auch dort erlebte ich eine so herzliche Begrüßung von den Zeltplatzbetreibern, ein tiefes, inniges Gespräch, sodass wir uns mit einer Umarmung und einem Exemplar meines Buches über meine Lebensgeschichte herzlich für den Tag verabschiedeten.

Platznachbarn luden mich noch zu einem kleinen Absacker ein und ich ging wieder tief befriedigt in die Nacht.

Auf dem See stand ein stilles Glitzern der untergehenden Sonne, die ich als wunderbares Panorama von meiner süßen Terrasse bestaunen konnte.

Den nächsten Tag ließ ich langsam angehen, Frühstück auf der Terrasse, schwimmen und relaxen, denn am Nachmittag erhielt ich Besuch von Jens und Marie.

Es wurde eine herzliche Begegnung, viel positivem Input und Austausch und ein weiteres Wunder. Sie überreichten mir einen Umschlag mit der Ansage, dass Gott ihnen das beiden unabhängig voneinander auf's Herz gelegt habe. In diesem Umschlag waren sage und schreibe 1400 €.

Ich glaube, ich brauche hier nicht zu beschreiben, was mein Herz fühlte ...

Mein großer Gott und Freunde, die nah am Herzen Gottes ruhen.

Was für ein Geschenk.

Der darauf folgende Tag ist der Tag, an dem ich meinen Enkel zu mir hole.

Ich hatte meinem Sohn, den ich seit fünf Jahren nicht mehr gesehen habe, angeboten, dass wir uns sonntags mittags zum Essen treffen könnten. Unser Kontakt besteht aus gelegentlichen unverbindlichen WhatsApp-Nachrichten.

Jedoch meldete er sich nicht auf meinen Vorschlag hin. So schlenderte ich nachmittags mit Enkel und Schwiegertochter durch die City der Stadt, in der sie alle wohnen... bis ich unvermittelt und beiderseits völlig überrascht vor meinem Sohn stehe.

Wir setzten uns auf eine Außenterrasse eines Restaurants und unterhielten uns und vereinbarten, dass ich auf dem Rückweg einen erneuten Zwischenstopp mit Übernachtung in einem Hotel machen werde, wenn er mich sehen möchte. Doch ließ ich ihn wissen, dass ich dann auch erwarte, dass das Treffen dann stattfindet... „denn sonst haben wir beide ein Problem miteinander".
So bin ich gespannt.

Die Tage mit meinem Enkel am See waren sehr erholsam und entspannt, doch am ersten Abend hatte er mit argem Heimweh zu kämpfen, was sich allerdings vollkommen verlor. Ich hatte schon unbegründete Sorge, ihn am nächsten Tag heimbringen zu müssen.

Da das Wetter nicht so schön war, verbrachte er viele Stunden damit, ein Legoauto zusammen zu bauen, dass wir einkauften... und hier erst feststellten, dass es die Altersangabe 16+ aufwies. Dieser 9-jährige Kerl baute es in stundenlanger Ausdauer komplett zusammen... zu meinem großen Erstaunen.
Auch viele Überraschungsbesucher tauchten auf und so wurde es eine runde und gelungene Sache. Der letzte Tag auf dem Campingplatz wurde sogar noch ein Schwimmtag. Ein schöner Abschluss unsrer Oma-Enkel-Zeit.

Ein bisschen schade finde ich es von mir, dass ich feststellen musste, dass ich eine spezielle Art von Altklugheit meines Enkels gar nicht ausstehen konnte und mich immer wieder darüber ärgerte. Er kann doch nichts dafür. Es ist genau der Abklatsch seines Opas, und auch seine Mutter hat etwas von dieser Sorte Dominanz. Bei mir löste es Ärger aus... dabei wollte ich den Kleinen doch bedingungslos lieben.

Solche Weise hat eben nur Gott... mir wurde mal wieder der Mangel bewusst und trieb mich ins Gebet um Liebe zu meinen liebsten Mitmenschen und auch um Selbstannahme in meinem Versagen.

Die Trennung fiel mir nicht leicht, aber auch hier merkte ich, wie ich das durch inneres Wappnen von Härte zu übergehen versuchte, was mich später gefühlsmäßig einholte.

Ich wünsche Tysen ein schönes Leben.

Hat er das? Diese Unklarheit macht mich traurig.

Jetzt steht mir die Begegnung mit Dave bevor. Auch das erweckt innere Unruhe. Wie wird das Miteinander laufen. Wie reagiere ich, wenn er nur über die negativen Dinge und Situationen redet... das macht mich aggressiv.

Ich schicke viele stille Gebete nach oben.

Dieses Treffen hat Gott arrangiert. Dann will ich es auch aus seiner Hand annehmen. Dann ist es sinnvoll, gewollt, bereitet und gesegnet!

Jetzt liegt die Begegnung mit meinem Sohn, den ich fünf Jahre nicht gesehen habe, hinter mir.
Ich habe auch kaum Worte, das zu beschreiben.
Es war ein sanftes und liebevolles Wiedersehen.
Und doch hat es mich sehr traurig gemacht. Ich hätte mir für mein Kind ein schöneres Leben gewünscht. Aber er scheint zufrieden mit dem, wie es ist.
„Ich bin jetzt clean", sagt er zu mir. „Mein Drogenkonsum beschränkt sich auf´s Kiffen und das ist meine Medizin."

Er hat seine Arbeit, seinen Freundeskreis und seine Feierabendgewohnheiten, wie Absacker und sein Marihuana, das er auch während der Arbeit konsumiert.

Oh wie bekannt mir doch die Liebe zu Cannabis ist und ihn, wie er selbst sagt, erst lebensfähig macht und seine Hyperaktivität bremst...

Dave hat Sorge, dass Gott ihm das Konsumieren von Marihuana wegnehmen möchte und dass ich ihn deswegen verurteile.

Er kann sich noch nicht vorstellen, dass er es eines Tages loswerden möchte und freiwillig gerne in Gottes Hände legt, denn das ist Gottes Weise. So war es auch bei mir, ich wollte dieses Feeling nicht mehr haben, denn mein realer Zustand gefiel mir überraschend viel besser.

Dazu kommt sein ärmliches Dasein, Schulden und wieder eine bevorstehende Gerichtsverhandlung...

Er erwähnte, dass er sich in seiner Kindheit sehr einsam gefühlt hat. Das tut mir weh. Ich habe ihm nicht das geben können, was er gebraucht hätte. Ich liebte mich selbst zu wenig, um sinnvolle, feinfühlige Liebe weiterzugeben.
Und ich hatte längst nicht verstanden, wie sehr ich selbst geliebt bin!

Nachträglich kann ich nun sagen, dass mir die Begegnung selbst sehr gut getan hat. Mein Sohn schickte noch eine Sprachnachricht, in der er sich für das Treffen bedankte und es als tollen Abend bezeichnete...
So galt meine nächste Etappe als Abstecher zum Stiefvater, dem Mann meiner leiblichen Mutter. Ich wollte ihm von dem Besuch in N. berichten, ihm die Fotos zeigen im Glauben, ihm eine Freude zu machen, indem ich Interesse an seinem Leben kundtue, doch die Wunden sitzen so tief, dass er so in inneren Aufruhe geriet, dass wir das Thema schnell wechselten.

Insgesamt merkte ich, dass seine Kräfte sehr nachgelassen haben, für seine 90 Jahre ist er aber noch erstaunlich rüstig und versorgt sich vollkommen alleine in seinem großen Haus. Doch er war schnell gereizt und sich anschließend ständig für sein Verhalten am entschuldigen.
Alt sein ist so schwer.

Ich möchte lieber vorher in mein wahres Zuhause gehen! Gott weiß um diesen Wunsch und Er wird mich als reife Ähre einholen, wie in Hiob beschrieben, nicht als fauliger, halb vermoderter Haufen! Diesen Wunsch wird er mir erfüllen, wenn ich richtig verstanden habe.

Mein Stiefvater schenkte mir noch einen süßen Elektroscooter, den er für sich selbst kaufte, sich damit jedoch zu unsicher fühlt.

Die Rückreise verlief in gemäßigter Gangart einigermaßen Stau erträglich, so dass ich in ca. 9 Stunden daheim war.
Eine schöne, wertvolle, bewegende und erlebnisreiche Tour!
Eine Segensreise?

Urteilt selbst!

***

Epilog

Hier möchte ich nun schließen.
Alles, was ich im Herzen verstehen,
besser: erahnen durfte, habe ich euch erzählt.
Ein vernünftiges Schlusswort fällt mir nicht ein.
Aber der Wunsch lebt in mir, dass all diese Schilderungen euch eine Richtung weisen mögen, die Richtung überhaupt, die es sich lohnt zu beschreiten.
Dieses wunderbare Wesen Gottes zu erkennen und durch ihn zu leben!

*****

Dieses Buch ist auch als E-Book erhältlich.

Dorothy Tinfield

Mein Leben ist gekennzeichnet von vielen persönlichen Tief- und Rückschlägen. Alles begann schon mit 6 Jahren, als ich auf unschöne Weise erfahren musste, dass ich ein Heimkind bin. Es gab sexuellen Missbrauch und Beziehungen voller Gewalt und Drogenkonsum. Zuletzt fragte ich mich, ob das alles überhaupt noch Sinn macht. Die Suche nach  Liebe und Annahme trieben mich in eine Sackgasse, bis das Leben von unerwarteter Seite eine völlig neue Wende nahm. Obwohl es mich noch durch viele Höhen und Tiefen führen sollte.

Mit diesem Buch möchte ich anderen Menschen, die ähnliches erlebt haben wie ich, Mut machen. Es gibt immer einen Weg! Inzwischen arbeite ich als christlich-therapeutische Seelsorgerin, um Zusammenhänge zu durchschauen und tiefere Einblicke zu erkennen, damit ich andere Menschen in ähnlichen Umständen hilfreich begleiten kann. Heute lebe in einem kleinen Dorf an der Ostsee nahe der Insel Rügen.

Auch diese glückliche Wende wurde in einer notvollen Situation geboren.

Sie finden mich auch auf Facebook unter:
www.facebook.com/dorothy.tinfield

Von der Autorin ist auch erschienen:

...Und wenn man nicht mehr weiter will?

Die Geschichte eines Lebens

„Die ewig Verstoßene", mein Trauma, mein Lebensgefühl! Ohne das Bewusstsein, einen gültigen Berechtigungsschein für diese Erde zu haben, führte mich meine Sicht der Selbstbetrachtung immer tiefer in zerstörerische Verstrickungen und Süchte. Das Buch erzählt die Geschichte von Selbstablehnung und Verirrung. Ein Weg über Verlassenheit, Missbrauch und Misshandlung, gefangen in der Macht der Süchte UND ENDLICH GEFUNDEN!

Das ist meine Geschichte vom Fallen und Aufgehobenwerden, von Schuld und Vergebung, von Verzweiflung und Trost. Ich möchte allen Mut machen, die genau diese Emotionen mit sich herumtragen: Es gibt Hoffnung, es gibt einen Weg. Es gibt wieder Lachen und Freuen.

Lasst euch mit hineinnehmen in diese wunderbare Welt der Erkenntnis von etwas ganz Besonderem!

Paperback, 239 S., ISBN: 978-3-945233-06-1.
Auch als E-Book erhältlich.